故事如數家珍

說學逗唱

認識十二生肖

虎大歪說文化寓意
狗小圓談生肖美食

王家珍◆著
洪福田◆繪

推薦序——說學逗唱，虎虎生風好精采！

黃啓方　世新大學終身榮譽教授
前臺灣大學文學院院長
前國語日報董事長

家珍要我給她的新書《說學逗唱，認識十二生肖》寫序，收到書稿，因為時節正處於辛丑十月的「立冬」節氣，仍是「牛」年，就先看看「虎大歪」和「狗小圓」怎麼說「牛」。看到狗小圓說了下面一段話：

傳說明代文人商輅，把花生和麥芽糖攪拌之後，倒入牛型模具，做成「牛軋糖」，祭拜文昌帝君，祈求考試順利。商輅在鄉試、會試、殿試都拿第一，三元及第。（第六〇頁）

商輅是明代後期有名的神童，也是明代唯一一位「三元及第」的欽點狀元，歷經三朝，官至宰相。他一生正直無私，被稱為「商公」，後來雖受冷落，卻享高壽（一四一四—一四八六），是一位相當傳奇性的人物。「牛軋糖」竟是他發明的！這可讓我也長知識了！

狗小圓又說：「龍牙是指水餃和扁食。」（第八七頁）

虎大歪則說：「二戰時的英國首相邱吉爾被比喻成鬥牛犬。」「母豬的生產能力才驚人，八個月大就能懷孕，孕期只要三個月三週又三天，一胎平均生十隻。」虎大歪還說：「聽說帶蹄的豬腳可以踢走霉運。考生吃煮到熟透軟爛的帶蹄豬腳，就能金榜題名。因為熟蹄諧音熟題，考卷上的題目都很熟，成績肯定好！」（本段所提內文，詳見第一五二、一六二、一六七頁）

家珍以拿手的「逗唱」絕活兒，讓民俗文化變得詼諧有趣又易吸收，笑點很多，還不時帶出一則則令人驚奇的「冷知識」。讀者輕鬆笑看「狗小圓」與「虎大歪」說學逗唱，殊不知，這些「逗唱」的內容皆學問，作者得讀萬卷書，下筆得千錘百煉！虎大歪與狗小圓輪番「逗唱」，互相「說學」，詼諧機智的表現，背後實是作者的多聞博識與靈心巧慧。

宋代王安石的〈題張司業〉詩說：「蘇州司業詩名老，樂府皆言妙入神。看似尋常最奇崛，成如容易却艱辛。」張司業就是大詩人張籍。後兩句「看似尋常最奇崛，成如容易却艱辛。」正可以轉贈家珍！

依據《唐開元占經》書中對十二生肖之間「衝」與「合」的敘述，「虎」和「狗」不但不會衝突，如果再加上「馬」，就成了「虎、馬、狗」三合的吉祥配。創發「牛軋糖」的明代三元及第狀元商公，就是肖馬的呀，更添生肖趣事的吉祥寓意！

虎大歪肖虎，說學逗唱起來「虎虎生風」！戰國時代大詩人屈原、至聖先師孔子都肖虎。狗小圓自然是肖狗，西漢時代的大賦家司馬相如便是「犬子」稱號的祖師爺。無怪這逗唱二人組，果然魅力強大、廣受喜愛！

看慣了經史子集古籍今著，讀了不少博士論文專門論述，也寫了一些研究專題詩詞小品，似乎都不如展讀「說學逗唱」的趣味盎然。小讀者更不用說了，看虎大歪與狗小圓一搭一唱，必然樂趣無窮，獲益良多！

辛丑牛年立冬

作者序——十二生肖，博君一笑

王家珍

生肖屬虎，剛懂事就體會到傳統民俗對生肖屬虎的人設下很多禁忌，這讓我對「十二生肖」的種種知識特別感興趣，寫童話要遴選角色的重要時刻，「十二生肖」總在第一時間被找來面試，「老虎」也總是擔任我的童話主角。

《說學逗唱，認識十二生肖》是我第三次以「生肖」為主題來創作。

前兩次都是以「十二生肖」搭配「成語和諺語」來創作童話，這次讓虎大歪和狗小圓以相聲對談的方式來講十二生肖，希望能兼具知識性與趣味性，賦與「十二生肖」嶄新的面貌。

第三次寫生肖，同時也是虎大歪和狗小圓第三次合作講相聲，不但沒有「一回生、二回熟，三回紅燒豬腳燉到透」駕輕就熟的輕鬆感，反而因為手中握有的資料太過龐雜，難以下筆。

就像一個對糖果太過渴求的孩子，突然走進威利旺卡的《巧克力冒險工廠》，看到堆積如山的糖果和巧克力，既歡喜又驚訝，脆弱的小心靈無法承受巨大的衝擊，茫然不知所措。

山不轉路轉，既然主題難以動筆，就採取旁敲側擊法，先講些題外話，用〈十二生肖，字字有意思〉來暖場。以造字原理把這十二個字區分成「象形」和「形聲」，藉著不同的角度來詮釋這十二種動物。

因為十二生肖最重要的任務就是「紀年」，便接著寫了〈生肖巧妙搭地支〉，融合古老傳說和我的想像，先講述上古時代如何選定十二生肖的精彩故事，再細說十二生肖搭配十二地支的道理，說明「子鼠、丑牛、寅虎、卯兔、辰龍、巳蛇、午馬、未羊、申猴、酉雞、戌

狗、亥豬」的由來。

為了讓讀者輕鬆記憶生肖如何與地支搭配，不但運用「諧音」和「字形相似度」兩個小技巧，也穿插逗趣兒歌式的短句，還特別商請港星成（辰）龍和午馬來助陣，連美味醉（酉）雞都端上桌，希望大小讀者看了會心一笑、過目不忘。

秉持「擷取精華、少即是多」的想法，竭力把十二生肖的重點縮小範圍，專注在字形演變、傳說由來、吉祥話、成語諺語歇後語。如此一來，龐雜的資料瞬間轉成輕盈，藉著「鼠咬天開」的傳統剪紙圖案，搭配「錢鼠咬財進家門」的吉祥話，順利展開《說學逗唱，認識十二生肖》序幕。

以〈萬馬奔騰成功到〉這篇來舉例。

我用「做牛做馬」、「馬不知臉長，猴子不知屁股紅」這兩個成語和諺語起頭，讓虎大歪和狗小圓互相吐槽，悄悄把話題繞到「馬的臉為什麼這麼長」這個話題。「馬不知臉長」是耳熟能詳的諺語，但是探究「馬的臉為什麼那麼長」，就拉出一長串少為人知的冷知識，頗為有趣。

接下來的段落，讀者看到「馬馬虎虎」的精采故事，也讓狗小圓請出平民皇帝朱元璋的妻子馬皇后，揭開「露出馬腳」的祕密。

最後，用「瘦死的駱駝比馬大」這句諺語，把先前到小學參加作家有約活動時，孩子問我的問題嵌進來──為什麼十二生肖沒有駱駝？

有狗小圓登場，當然少不了「生肖美食」。端出喜愛的「馬蹄條」、「馬拉糕」和「檸檬馬鞭草茶」三種美食和茶品，為〈萬馬奔騰成功到〉畫下美味的句點。

十二生肖接力上場後，許多好笑的「哏」都沒有用上，意猶未盡

的我又寫了〈十二生肖一加子〉和〈不是生肖，接力搞笑〉兩篇收尾，期盼能達到演唱會安可曲的效果。

特別感謝黃啓方老師，得知我要寫生肖時，寄贈詩文俱佳的《戲說十二生肖》，給我很大的啟發。這本書首頁有黃啓方老師創作的〈戲說十二生肖〉：

相鼠有體人無禮，騎牛覓牛自是癡！
虎落平陽空落寞，兔走鳶飛若嘻嬉。
龍困淺灘無人問，靈蛇幾時銜明珠？
天馬行空豈自在，羊觸藩籬恨無途。
衣冠自違沐猴性，雞鳴不時英雄天！
狗盜猶能奇功建，牧豬魚釣不等閒。

黃老師的這本書中，另有〈十二生肖詩彙集注釋〉一文，看完這篇文章，對於十二生肖相關的歷史典故了然於心，也更增添我寫作十二生肖相聲的信心。

版畫藝術家洪福田在百忙中，答應為這本書配上精緻的插圖，亦讓我銘感於心。福田的觀察細膩又富創意，總是能以文章的趣味點來「藉題發揮」，活潑的筆觸，讓虎大歪與狗小圓與各個生肖搭配得天衣無縫。每一幅畫、每一個場景，都比我的想像還要真實，讓這本書熠熠生輝。

感謝催生本書的每一個人。

祝福大家，「閱」讀「閱」快樂。

繪者序——登登登，虎大歪、狗小圓再次呼喚我

洪福田

「說學逗唱」這個系列，第一冊是認識節氣，第二冊是認識節日，第三次是認識生肖，也是與家珍第三度合作。

說到生肖，總是想起孩提時，家裡常備農民曆，封面不是喜氣洋洋的財神爺，就是壽比南山的南極仙翁，封底是食物相剋的趣味圖表。農民曆的內容，除了記載農、國曆日期和宜忌行事曆，還記錄全年神明生日、燒香、姓名筆畫測禍福等等，最令人迫不及待的，便是速速翻到「生肖歲運參考表」，看那可愛的動物圖畫：

「阿公屬牛六十一歲，阿公你今年湯圓要吃六十一顆啦。」阿公皺眉苦笑，表示無奈。

「姊姊屬兔十一歲，天喜星吉臨，諸事皆亨通，大吉！好好

餒。」

「我屬蛇今年九歲，逢紅鸞星入宮，未婚男女婚姻可成，大凶！什麼啦。」

「哈哈哈！」

「不要笑，來看看你。」

「弟弟屬羊七歲，貴人高照，喜事連連……」

「啊，不準不準，不玩了，哼。」

「哈哈哈！」

十二生肖念過童謠，讀過故事，玩過遊戲，版畫也刻了，去年也完成繪本創作，一點也不陌生。收到書稿，還是充滿驚喜，富有許多未知曉的知識和作者的點子創意，虎大歪、狗小圓實在太有趣了，邊畫邊搞笑，希望這些插畫也能帶給大家歡樂。

目錄

龍 蛇 馬 羊

猴 雞 狗 豬

文化小補充

開章大吉

開章大吉——十二生肖，字字有意思

虎大歪、狗小圓，
說學逗唱，上臺一鞠躬！

虎大歪：各位觀眾大家開心，話說兔走烏飛、光陰似箭、歲月如梭。

狗小圓：各位觀眾大家平安，大歪說得好，白駒過隙、時光荏（ㄖㄣˇ）苒（ㄖㄢˇ）、歲月遞嬗（ㄕㄢˋ）。

虎大歪：我跟小圓兩個一起講相聲，倏忽過了三年！

狗小圓：這三年來我長大了、長了見識，大歪也變老了——喔，不不不，大歪增長了智慧。

虎大歪：士別三日，刮目相看，小圓拍「虎」屁的功力大增，拍虎屁的臺詞說得很溜！咱倆講過二十四節氣，說過十六個大節日，接下來，我們來給大家講講十二生肖吧！

狗小圓：十二生肖？鼠牛虎兔、龍蛇馬羊、猴雞狗豬。大家耳熟能詳，有什麼好說的呢？

虎大歪：這十二生肖可說是字字珠璣，學問大得很。

狗小圓：我有疑問！十二生肖，有豬也有雞，不過各都出現一次罷了，哪來的字字「豬雞」啊？

虎大歪：我說的「珠璣」，是指珠玉和寶石，字字珠璣形容每個字都像珍珠一樣優美。虧你常自誇是字音字形比賽的高手，竟然會鬧出這種把「珠璣」當「豬雞」的笑話？

狗小圓：你老是愛掉書袋，我當然得考考你。狗是人類最忠實的朋友，也是最受歡迎的寵物，要講十二生肖，咱們就得從狗開始講起。

虎大歪：你那點小心思，別想瞞過我。因為你生肖屬狗，才會說要從狗開始，對吧？

狗小圓：我這是「內舉不避親，外舉不避仇」，你別誤會我的人格！

虎大歪：把你的偉大理由說給大家聽聽。

狗小圓：理由很簡單，老鼠是人人喊打的鼠輩，牛得幹活才有得吃，豬和雞養肥了就會被宰來吃。狗不用工作、不用擔心被吃掉，人類謙稱自己的兒子為「小犬」，好狗命代表命好，狗屎運表示強運……

虎大歪：你說得頭頭是道，我卻覺得狗屁不通。明明就是好吃懶做，還說什麼命好運強？就像那些個牛黃狗寶，在屬狗的你看來，也許珍貴難得，在旁人眼中卻只是些邪心眼和鬼念頭。

狗小圓：那麼，你想先從哪個生肖開始講起呀？

虎大歪：我認為應該從「鼠牛虎兔龍馬羊」這幾個字開始講。

狗小圓：為什麼要講「鼠牛虎兔龍馬羊」？為什麼非要跳過無敵可愛的狗？你得給我一個交代。

虎大歪：沒問題，這捲「膠帶」送給你，讓你貼住下巴，免得「落下頦」就糗大啦！「鼠牛虎兔龍馬羊」這幾個生肖不只順序在狗的前面，還都是「象形」字。

狗小圓：嘿！象形是指大「象」的「形」狀嗎？老鼠小小一隻就很可怕，如果老鼠和大象一樣大，肯定嚇「鼠」人啊！

虎大歪：我說，你沒常識也得多看電視。古人用簡單的線條來描繪物體的形象，看到字形就猜得出來是什麼意思，這就是「象形」字。

狗小圓：原來如此！但是不論我上看、下看，還是歪著頭看，字和老鼠一點都不像！

虎大歪：你發揮一點想像力，字上面的「臼」是老鼠的頭，下

面是老鼠的腳和一條長尾巴。瞧！畫得多可愛呀！

狗小圓：經你這麼一說，「鼠」字確實有幾分像老鼠，不過你說老鼠可愛，肯定是頭殼壞掉！

虎大歪：我頭殼壞掉？我看是你的審美觀有問題。來，你來講講牛這個字。

狗小圓：牛這個字更糟糕，只剩一支角和一條腿，難不成古人先鋸了牛角、吃了三條牛腿，填飽了肚皮才造字？

虎大歪：牛這個字是從正面看著牛頭描繪而成，不過耳朵、眼睛、鼻孔和牛臉都被簡化了，是藝術等級的抽象畫。

狗小圓：我在陽明山擎天崗近距離看過水牛，眼睛好大、牛角好尖，要不是我跑得比馬還

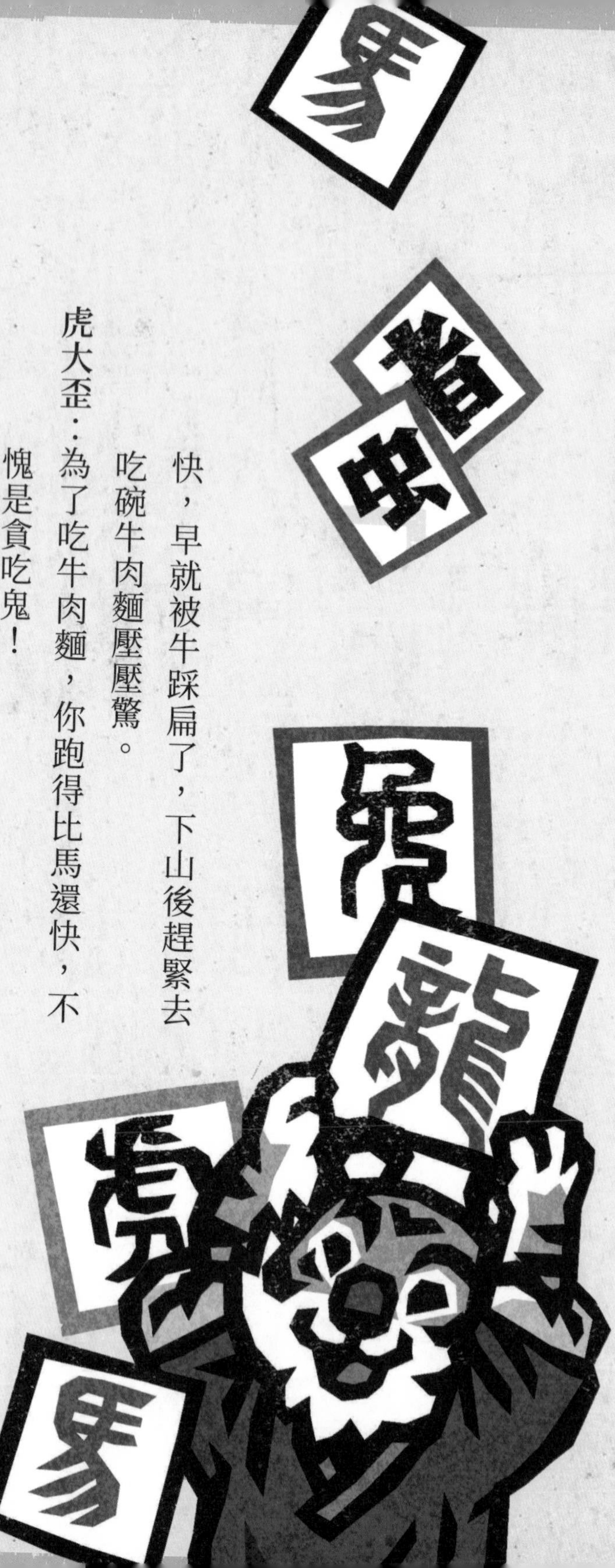

快，早就被牛踩扁了，下山後趕緊去吃碗牛肉麵壓壓驚。

虎大歪：為了吃牛肉麵，你跑得比馬還快，不愧是貪吃鬼！

狗小圓：話說馬這個字，下面四點是馬腿還是馬蹄？

虎大歪：古人從側面來描繪馬的模樣，上面是長長的馬臉和鬃毛，底下是四條長長的腳，非常傳神。

狗小圓：馬是高大帥氣的動物，照著畫、自然帥！龍是傳說中的動物，古人怎麼看得見？怎麼畫得出來呢？是古人的想像力太強大，還是古人瞎掰能力比你強呢？

虎大歪：古時候的龍，應該是一種短腿爬蟲類。左邊是龍的頭冠、角和張大嘴巴露出牙齒的樣子，右邊是龍的身體、鰭和長尾巴。

狗小圓：龍這個字不好寫，很複雜！

虎大歪：都怪後代的人對於龍有太多想像，把九種動物的形象都裝在龍身上，這隻古代的短腿爬蟲類就飛上天啦！

狗小圓：嘿！龍玩變身遊戲，我也來玩玩。我想有一雙跳得又高又遠的兔子腳，再裝上尖尖的羊角當做武器，如此一來就沒人敢欺負我了。

虎大歪：小圓真厲害！兔子的腳和羊的角，正是這兩種動物的特徵，從象形字就看得出

來。字比「免」多出那一點，正是兔子圓圓的可愛小尾巴。

狗小圓：你剛剛說字從側面畫，有四條長長的腿，那麼字是從正面還是側面畫呢？

虎大歪：虎是山大王，當然從正面畫，說說你看到什麼？

狗小圓：我只看到兩條大胖腿，是不是因為古人畫到一半，就被凶惡的老虎嚇得逃之夭夭啦？

虎大歪：這個字，上面是虎頭，底下是兩隻腳。如果你和老虎面對面，只會看見兩條腿。你得小心謹慎面對老虎，小心老虎一個不高興，一腳就把你踢到十萬八千里外！

狗小圓：如果我和凶巴巴老虎面對面，可能被吃得連一條腿都不剩啦！

虎大歪：給你點顏色，你就開起染坊來，講話客氣點！

狗小圓：哎呀！您別急著生氣，我還有個問題，為什麼「狗」字一點都不像狗？該不會古代狗長得跟現代狗也不一樣？

虎大歪：鼠牛虎兔龍馬羊，這七個生肖都是象形字；狗蛇猴雞豬，這五個字則是形聲字。所謂形聲字，就是把一個字分成兩半……

狗小圓：分成兩半？該怎麼把蛇分兩半呢？從中間對切？還是從頭到尾切成左右兩半？還有，猴雞狗豬這些怎麼分兩半？好吃的分一半，難吃的分一半？

虎大歪：想吃香辣炸雞，或是黑胡椒豬排還有點道理，你竟然連狗、蛇和猴子都想吃，未免太貪嘴了！

狗小圓：哎喲！我這是在推敲文字的道理！

虎大歪：所謂形聲字，一半是物體形狀的符號，叫做「形符」，另一半是提示讀音的「聲符」。「形符」和「聲符」合在一起，就是「形聲」字，懂嗎？

狗小圓：我是字音字形比賽的高手，讓我來推敲一下形聲字的大道理。蛇這個字，左邊的「虫」是形狀，右邊的「它」是讀音。

虎大歪：沒錯！

狗小圓：古代的人看到蛇，就說「它」來了，「它」來了，一副跟蛇很熟、交情很好的樣子，真是太可笑了！

虎大歪：你別笑得太誇張，嘴巴大開，小心蛀牙被大家看光光！蛇的古字就是「它」，上面的寶蓋頭是大蛇頭，下面的「匕」是蛇的身體和尾巴。因為「它」在古籍中常被借用，秦漢時期便在「它」的旁邊加了個「虫」，於是「它」就變成「蛇」，專門用來指蛇了。

狗小圓：它就是蛇，蛇就是它，有意思。「猴雞狗豬」這幾個字，又該怎麼分成兩半呢？

虎大歪：猴、狗、豬這三個字，左邊是形符，右邊是聲符，雞剛好相反，右邊的「隹」是形符，左邊的「奚」是聲符，可別搞混了哦！

狗小圓：雞只有兩隻腳，猴、狗、豬有四條腿，雞跟牠們三個不同國，這樣想就不會搞錯啦！下次我講「蛇猴雞狗豬」幾個字，就要這樣念，「它侯奚句(ㄍㄡˇ)者」。哎呀，形聲字真的太有意思了，太好玩啦！

虎大歪：十二生肖除了字字有意思，還個個都有故事，改天慢慢跟你說。

狗小圓：好好好，十二生肖真有意思，字字珠璣有玄機，我等著聽你講好玩的故事。

虎大歪、狗小圓，下臺一鞠躬。

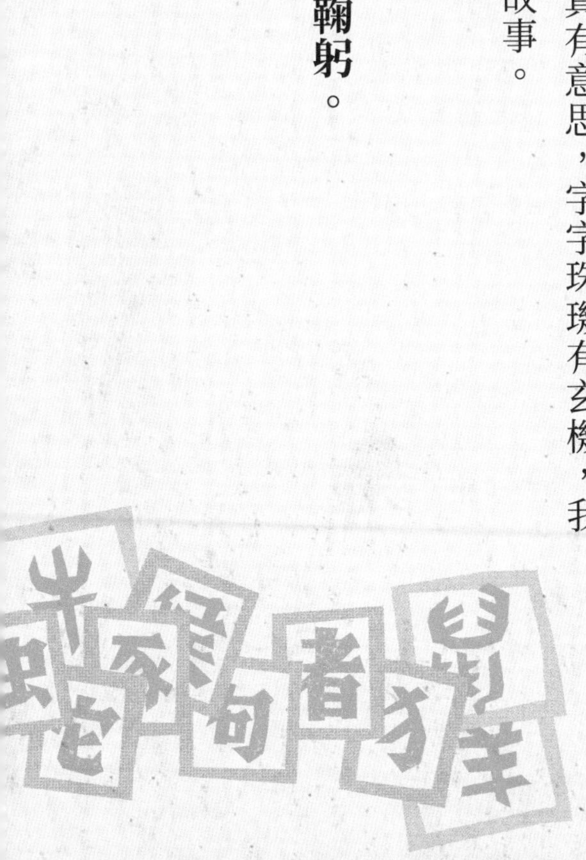

說在前面——生肖巧妙搭地支

虎大歪、狗小圓，說學逗唱，上臺一鞠躬！

虎大歪：今天跟大家談生肖搭配地支的大學問。小圓知道，生肖又稱為「屬相」或「十二年獸」吧！

狗小圓：十二年獸滿好聽的，叫做「屬相」就怪怪的！大歪要念好，有沒有捲舌，念起來的意思差很多喔！

虎大歪：喂！你就愛挑我毛病。

狗小圓：我這叫提醒，不是挑毛病。您接著說，我閉嘴。

虎大歪：上古時代，人類不知道如何計算時間，日子一

團混亂。玉皇大帝召集所有動物，舉辦渡河比賽，率先抵達的前十二個，就列入十二生肖，輪流當家作主一整年，並且用十二生肖來記錄時間。

狗小圓：這個故事我聽過，老鼠和貓不會游泳，他們請好心的水牛載他們倆過河。牛游到河中央最深的地方，狡詐的老鼠突然把貓推下河，快抵達終點時，老鼠又從牛背上一躍而下，搶得第一。

虎大歪：其實老鼠和貓都會游泳，而貓之所以討厭水，是因為祖先來自沙漠！

狗小圓：老虎不是很厲害嗎？怎麼只排第三呢？

虎大歪：說來話長！我們老虎雄壯威武、跑得飛快，游泳更是一把罩，但是老虎在河裡游著游著，撞到鱷魚，跟鱷魚打了一架，把鱷魚打昏了才來，所以名列第三。

狗小圓：怕水的兔子居然排名第四，大有問題，該不會是拉著老虎尾巴搭便車來的吧？

虎大歪：我聽到的版本是，龍飛著過河的時候，兔子一躍而上，攀著龍的前足，在終點線前又率先蹦下，奪得第四，龍只拿到第五名，而纏繞在龍尾巴的蛇，幸運得到第六名。

狗小圓：馬跑得快，游泳技術卻普普通通，所以排第七位。羊、猴和雞三個感情好，共乘小木筏過河，羊跑得快，搶得第八；猴子跌了一跤，拿第九；雞的腳步小，跑不快，只得到第十名。

虎大歪：狗貪吃又貪玩，在路上看到狗屎和雞腿，兩個都是狗愛吃的食物，耽擱了一點時間，聽到雞的得意啼聲才匆匆趕來，只拿到第十一名。

狗小圓：喂！好好講故事，不要對狗做「狗身攻擊」！

虎大歪：比狗更貪吃的豬，一聽說十二生肖比賽有慶功宴，一路上拼了命快跑，沒想到在抵達終點前摔了一大跤，圓滾滾的「豬豬大肉球」，滾著進場，勇奪第十二名，全場歡呼，比賽結束。

狗小圓：溼淋淋的貓在豬後面抵達終點，知道自己鐵定出局，氣得追著老鼠跑。心虛的老鼠，看到貓只能快逃，真可憐！

虎大歪：其實，貓原產於埃及，在傳入中國之前，十二生肖早就排好了，貓一點機會也沒有。不過，這是傳說故事，聽得開心最重要。生為越南人就有機會屬貓喔，越南的十二生肖，用貓來取代兔子。

狗小圓：用貓取代兔子？哈哈哈，好好笑喔！

虎大歪：據說十二生肖傳入越南時，把「卯兔」年的「卯」誤讀成「貓」，將錯就錯，沿用至今。

狗小圓：卯兔年？卯跟兔子有啥相關？為什麼要把兔年說成「卯」兔年呢？

虎大歪：因為十二生肖搭配十二地支，「卯」剛好對應「兔」，所以稱「卯兔」呀！小圓知道地支是什麼？地支有哪些嗎？

狗小圓：農民曆上頭就有地支，子丑寅卯、辰巳午未、申酉戌亥。

虎大歪：小孩子沒事翻農民曆做什麼？立志當農夫嗎？

狗小圓：農民曆可以查節氣、當季蔬果和漁獲，有美食參考價值。

虎大歪：古人把十二生肖與十二地支搭配成對，形成子鼠、丑牛、寅虎、卯兔、辰龍、巳蛇、午馬、未羊、申猴、酉雞、戌狗，還有亥豬這十二組。

狗小圓：把生肖和地支配成對做什麼？

虎大歪：生肖搭配地支用來紀年、紀月、紀日。一看到「子」，就知道鼠年到了；一看到「丑」，就知道牛年到啦！

狗小圓：看到「丑」就知道牛年到？你歧視屬牛的人，說他們是小丑？說他們醜？

虎大歪：我開明善良，從不歧視別人，不要挑撥我跟牛的感情。

狗小圓：好好好，你好愛牛，接著說吧！

虎大歪：牛是第二個生肖，丑是第二個地支，兩個互相搭配，看到「丑」，就知道牛年到，明白了嗎？

狗小圓：鼠牛虎兔龍蛇馬羊猴雞狗，子丑寅卯辰巳午未申酉戌，得算好久才知道「狗」對應「戌」，這個「生肖對地支」的紀年方法太難，要算好久，不好用！

虎大歪：好用的很，來，我教你一招，小狗隨地噓噓，所以狗和「戌」湊一對；老虎打架穩贏，所以虎和「寅」最速配。

狗小圓：你亂講，誣蔑了我，抬舉了自己。哼！古人都跟你一樣，只因為生肖和地支都有十二個，就把它們胡亂湊成對嗎？

虎大歪：十二生肖搭配十二地支有大學問，不能亂湊。子時從晚上十一點到隔天早上一點，老鼠頻繁活動，所以子跟鼠湊一對。

狗小圓：凌晨一點到三點是丑時，和牛有什麼關係？

虎大歪：丑時一過，天就要亮了，牛會反芻，要早點起床吃草，所以丑對應牛。

狗小圓：牛有四個胃，要反芻（ㄔㄨˋ），聽起來有點道理。

虎大歪：凌晨三點到五點是寅時，晝伏夜行的老虎，在這個時候最凶猛，所以虎搭配寅。

狗小圓：咦，我認識一個生肖屬虎的人，每天凌晨三點到五點總是睡得很沉，打呼聲比火車汽笛還猛……

虎大歪：你真是狗改不了吃屎，哪壺不開提哪壺，早睡早起身體好，懂嗎？早上五點到七點是卯時，天亮了，兔子起床吃草。記得卯對應兔，不是貓哦！

狗小圓：我懂了，吃壞肚子，卯起來吐就對啦！「卯兔」，卯起來吐，真好記。

虎大歪：早上七點到九點是辰時，這時候最容易起霧，傳說龍喜歡騰雲駕霧，辰搭配龍，恰恰好。

狗小圓：這個好記，有個藝人名字叫成龍。「辰龍」記做「成龍」，一輩子不會忘。

虎大歪：早上九點到十一點稱做巳時，大霧散去，豔陽高照，蛇是變溫動物，出來晒太陽、覓食，所以巳和蛇湊一對。

狗小圓：巳的字形就像大頭蛇，巳蛇、似蛇，就是蛇。哇！我是諧音記憶天才，叫我第一名。

虎大歪：早上十一點到下午一點叫做午時。跑了一上午的野馬，到了中午時分，肚子好餓要吃草，所以午跟馬湊一對。說說看這組搭配你要怎麼記呀？

狗小圓：剛剛有成龍，現在有午馬，都是香港演員，太巧了！只要看過〈倩女幽魂〉，就會對午馬扮演的道士印象深刻。

虎大歪：〈倩女幽魂〉是老電影，你這個小屁孩怎麼會知道？

狗小圓：我媽媽自以為長得像〈倩女幽魂〉女主角聶小倩，還自稱「臺北王祖賢」。每次電影臺重播這部片，我們都會被迫一起收看，還要叫她臺北飾演聶小倩的王祖賢，哎喲！我的老天鵝呀！

虎大歪：哈哈！可憐的小圓，口是心非的滋味感受很深啊！

狗小圓：還好啦！誰叫我媽媽跟飾演聶小倩的王祖賢「撞臉」，沒事就講好聽話稱讚媽媽，日子輕鬆又愜意。

虎大歪：說起撞臉，未和羊兩個字，乍看之下有點「夫妻臉」，只是上下顛倒。下午一點到三點是未時，正是放羊的好時機，未時要餵羊，未羊當然配成對。

狗小圓：下午三點到五點是申時，猴子午睡醒來肚子餓，伸手搶東西吃，所以申猴湊一對。

虎大歪：下午五點到七點是酉時，在外撒野一整天的雞該回窩休息了，酉和雞湊一對。

狗小圓：看到酉和雞，我就想到醉雞，流口水啦！待會兒講完我們去吃醉雞。

虎大歪：沒問題，我最愛吃紹興醉雞腿！話說晚上七點到九點是戌時，古人「日出而作，日入而息」，天黑之後小狗負責看門，所以戌狗湊一對。

狗小圓：這就對了，戌狗湊一對，和小狗隨地噓噓沒有關係。

虎大歪：晚上九點到十一點是亥時。夜深人靜，只有豬「還」在吃吃吃，亥豬就成了最後一對。

狗小圓：快跟你的豬朋友說，如果不想變成烤香腸或炸排骨，千萬別睡前大吃消夜，別把自己吃太胖！

虎大歪：哈哈哈！小圓，我的豬朋狗友就是你，千萬別睡前大吃消夜，別把自己吃太胖啊！

虎大歪、狗小圓，下臺一鞠躬。

生肖與地支對照圖

鼠牛虎兔

鼠咬天開排第一
牛耕福田四季春
虎虎生風山大王
狡兔三窟謀略多

一 鼠咬天開排第一

虎大歪、狗小圓，說學逗唱，上臺一鞠躬！

虎大歪：小圓，你的褲子破了好幾個洞，紅色內褲隱約可見。你這是老鼠掉進水缸裡，時（濕）髦（毛）趕流行，還是買褲子的錢都被你吃掉了？

狗小圓：哼！老鼠沒有掉進水缸裡，反倒躲進我的衣櫃，咬衣服、啃褲子、睡在襪子裡。這些臭老鼠，牙齒像錐子一樣尖，

我最帥的牛仔褲也被咬破了，真可惡。

虎大歪：老鼠是齧（ㄋㄧㄝˋ）齒目動物，上下顎各有一對門牙，這兩對門牙天天長、長不停，牙齒太長沒辦法吃東西，非得找些堅硬的東西來磨牙。老鼠磨牙和你貪吃一樣，都是天性。

狗小圓：我和老鼠才不一樣，老鼠又叫做耗子，不但會耗損食物，還會咬壞東西。「過街老鼠，人人喊打」，跟老鼠扯上邊，都沒好事。

虎大歪：那不一定，迪士尼的米老鼠人見人愛，周邊產品超級多。十二生肖老鼠排第一是有原因的！

狗小圓：米老鼠又不是真的老鼠，真的老鼠人見人怕。老鼠能夠在十二生肖排第一，都是因為鼠輩的老祖先渡河比賽作弊，贏得一點都不光彩。

虎大歪：老鼠習慣在夜間活動，還是游泳健將，

不需要作弊就能得第一。古人把「老」當做尊稱，老鼠和老虎都有個「老」字，你知道為什麼嗎？

狗小圓：當然知道！肯定是老鼠壽命很長，「老」奸巨滑，「老」是幹壞事。

虎大歪：老鼠的平均壽命只有兩歲，但是兩三個月就發育成熟，懷孕期只要二十天左右，一整年生生不息，古人不了解，誤以為老鼠很長壽，還稱老鼠為「福鼠」或「壽鼠」。

狗小圓：哇！你是說老鼠一歲左右就當「阿祖」了！小老鼠，年紀小、子孫多、輩分長，難怪被稱做「老」鼠。不知道我衣櫃的老鼠現在是幾代同堂？真是嚇「鼠」寶寶了！

虎大歪：民間的剪紙和年畫常常可以看見老鼠和葫蘆、葡萄、石榴或金瓜同框，象徵多子多孫多福氣。還有人說老鼠帶財，有些財神爺手上的吉祥獸就是老鼠！

狗小圓：窮人家米缸空空，老鼠紛紛離家出走，有錢人家的老鼠和

貓一樣大。古人以為老鼠帶財，其實是財帶老鼠，有錢人家才養得起老鼠。

虎大歪：小圓家肯定是大大的有錢人，衣櫃就養了一窩好幾代同堂的老鼠。

狗小圓：你就愛拿我消遣！回家我要跟這窩老鼠宣傳，大歪家的米缸跟山一樣尖，儲藏室裡的糧食頂到天，請老鼠快快把家搬。

虎大歪：我怎麼覺得，你一看到老鼠就會尖叫逃跑，什麼話都說不出來。如果你的勇氣夠，仔細瞧瞧櫃子裡的老鼠，古人認為老鼠長得很特別，才會在十二生肖排第一。

狗小圓：獐頭鼠目，人人喊打的過街老鼠有什麼特別？

虎大歪：動物的前後左右腳趾數一般是相同的，只有老鼠是前腳四趾，後腳五趾，奇數腳趾和偶數腳趾同時存在小小的老鼠身上，非常特別！

狗小圓：前腳少一隻腳趾應該是缺陷，哪是什麼特別？

虎大歪：你沒聽說過「物以稀為貴」嗎？

狗小圓：光憑腳趾數目前後不同就排第一？你唬我！

虎大歪：如果你聽過「鼠咬天開」的傳說，就知道我不是唬你。遠古時候，整個世界混沌（ㄉㄨㄣˋ）一片，在深夜「子時」，老鼠咬開天地，使氣體流動，產生陰陽，從此天是天、地是地，萬物蓬勃生長。所以子時搭配鼠，十二生肖老鼠排第一。

狗小圓：開天闢地的人叫做盤古，不是老鼠。小老鼠咬咬衣服和褲子還有可能，哪有辦法咬開天地？

虎大歪：老鼠咬開天地之後，還從天上偷來穀物的種子，又給人類引來火種，對人們的文明很有貢獻，才會排在十二生肖之首。

狗小圓：前天老師發剪紙作業，我分到的圖案是兩個扣在一起的碗和一隻老鼠，我一看就覺得奇怪，馬上跟同學交換。

虎大歪：哪裡奇怪？

狗小圓：兩個碗上下倒扣在一起，就是要防止老鼠偷吃，可是那隻老鼠不但撐開上面的碗，還站在下面的碗裡跳舞，超奇怪的！

虎大歪：不怪不怪！兩個倒扣在一起的碗，象徵天和地，那是「鼠咬天開」的故事，和「老鼠娶親」、「五鼠運財」一樣，都是鼠年常見的吉祥年畫。

狗小圓：我比較喜歡「老鼠娶親」的故事，「初一早、初二早、初三睡到飽」。初三之所以可以睡到飽，就是因為那天老鼠要娶新娘。

虎大歪：為了不打擾老鼠的婚禮，在正月初三晚上要早早熄燈睡覺，還要在廚房或老鼠常出入的角落，撒一些米、鹽和糕餅當做「米妝」，祝賀老鼠新婚。

狗小圓：用「米妝」當做老鼠的新婚紅包，和老鼠打好交道，口下

天
乾坤

留情，別再偷吃我的餅乾和巧克力，也別再咬壞我的褲子。

虎大歪：有些地方有「蒸瞎老鼠」的習俗。農曆正月十四日，用麵糰捏十二隻老鼠，但是不捏眼睛，蒸熟後當做元宵節的供品，希望老鼠瞎了眼，不要吃掉收成。

狗小圓：幸好「蒸瞎老鼠」不是蒸真的老鼠，我聽說彰化有間出名的麵店，專賣「貓鼠麵」，不知道葫蘆裡賣什麼藥？我們一起去吃吃看？

虎大歪：那是因為麵店的創始人身材瘦小如鼠，動作靈活像貓，臺語「老鼠」讀音和「貓鼠」相似，所以他賣的麵就叫做「貓鼠麵」。

狗小圓：原來如此！我還聽說有一種老鼠叫做錢鼠，嘴巴尖尖的，叫聲「嘰嘰嘰」，很像閩南語的「錢錢錢」，民間甚至有「錢鼠咬財進家門」的說法。

虎大歪：錢鼠又稱為「鼩鼱」，長得像老鼠，其實不是老鼠。咦，你聽，好像有什麼怪聲音，該不會是錢鼠來啦？

狗小圓：哎呀！誤會啦！那是我聽到「貓鼠麵」，肚子餓得咕嚕咕嚕叫的聲音啦！

虎大歪、狗小圓，下臺一鞠躬。

二 牛耕福田 四季春

虎大歪、狗小圓，
說學逗唱，上臺一鞠躬！

虎大歪：鼠趁三更去，牛帶五福來。

狗小圓：牛年一來到，鴻運就來照。

虎大歪：祝福小圓身體強健如牛，好運多如牛毛。

狗小圓：祝福大歪減肥順利成功，吹牛皮不被戳破。

虎大歪：希望小圓的成績「牛」轉乾坤，科科滿分。

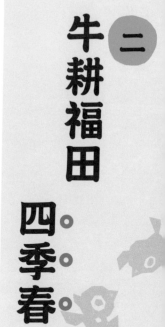

狗小圓：希望大歪從蝸行牛步慢慢走，變成健步如飛。

虎大歪：小圓遍嘗各地好料，成為美食界的牛耳。

狗小圓：大歪追公車不再氣喘如牛，牛鬼蛇神全都躲過！

虎大歪：我為人實在，不會吹牛，也不需要躲著誰。你盡講些牛的壞話來抹黑我，賀詞牛頭不對馬嘴，真是畫虎不成反類狗。

狗小圓：我才沒有抹黑你！牛任勞任怨、勤懇踏實，十二生肖排第二，名次比老虎好，名聲比老虎讚，你能和牛沾上邊就該偷笑，別鑽牛角尖了。

虎大歪：老鼠把天地咬開後，接著就輪到牛上場闢地啦！

狗小圓：是的，牛除了不辭辛苦、勤奮幹活，渾身上下都是寶。

虎大歪：牛每天辛苦耕田，努力填飽人們的肚

皮，敬業態度讓人佩服，生肖排在老虎前面，我無話可說。

狗小圓：牛肉好吃又補血，牛皮耐用又持久，牛角可以做梳子、刻印章、製中藥，還能掛書。

虎大歪：喂！「牛角掛書」講的是把書掛在牛角上，一邊放牛，一邊讀書，比喻勤勉讀書，你別瞎說誤用！牛對人類有恩，直到現在還是很多人不吃牛肉，你知道嗎？

狗小圓：當然！我還知道臺南有個「老牛的家」，專門收容退役的老牛。主人把老牛視為家人，送到那裡安養天年，牛有靈性，要和主人分別時還落淚哭泣呢！

虎大歪：沒錯，牛確實很有靈性，要好好對待牛。印度教大神「濕婆神」的坐騎是白色大公牛，所以信奉印度教的印度人把牛視為神牛，教義禁止殺牛，不能吃牛肉，還要信徒尊敬牛，常常造成交通堵塞。

狗小圓：把牛視為神牛，為什麼會造成交通堵塞？

虎大歪：印度的牛不怕人，常常成群結隊逛大街。神牛逛街累了，就停在馬路中間休息，秉持著對牛不敬就是對神不敬的想法，行人必須繞路，車輛也得繞行，交通當然大打結。

狗小圓：原來如此。聽說印度的麥當勞不賣牛肉漢堡，印度的神牛真的「很牛」，比老虎還威風。

虎大歪：在上古時期，牛曾經是天庭的差役，經常往返天庭和人間，幫忙傳送訊息，也是「神牛」等級呀！

狗小圓：牛勤勞穩重、腳踏實地，很適合當信差。

虎大歪：那時候人間寸草不生，農夫拜託牛傳訊息給玉皇大帝，派天兵天將把草的種籽帶到人間。

狗小圓：寸草不生就不用除草，農夫沒事找事，自找麻煩！

虎大歪：小圓才笨，沒有草，很多動物都要餓肚皮。

狗小圓：我笨，就你聰明，你去送草籽好啦！

虎大歪：牛把農夫的請求轉達給玉皇大帝，還自告奮勇帶草籽到人間播種。不過，玉皇大帝卻擔心牛沒辦法完成任務。

狗小圓：放心，這麼簡單的任務，牛不可能搞砸。

虎大歪：牛和你一樣，對自己信心滿滿，堅持要到人間撒草籽，還說如果連這等小事都辦不好，甘願受罰。玉皇大帝勉強答應，但是他囑咐牛，切記「走三步、撒一把草籽」。

狗小圓：一二三，撒！一二三，撒！這個簡單，連我都會。

虎大歪：牛帶著草籽走出大殿，邊走邊念「走三步、撒一把草籽」，一不小心撞到天庭大門旁邊的石柱，痛得哇哇叫，玉皇大帝的吩咐也變了調！

狗小圓：牛該不會把「走三步、撒一把草籽」記成「走一步、撒三把草籽」啦？

虎大歪：沒錯！牛來到人間，走一步、撒三把草籽，只花三分之一的時間就完成任務，開心得意返回天庭交差。

狗小圓：哇！兩字之差，天差地別。

虎大歪：第二年，大地雜草叢生，農夫忙著除草，沒時間播種，當然也沒有收成，氣得跟灶神告狀，請灶神稟報玉皇大帝。

狗小圓：灶神講話有分量，牛要倒大楣啦！

虎大歪：玉皇大帝非常生氣，把牛打入凡間，處罰牛只能吃草，還得替農夫耕田來彌補過錯。

狗小圓：牛又不是故意犯錯，心裡肯定很委曲。

虎大歪：是呀！牛被逐出天庭之後，淚水大顆大顆掉落，眼前一片朦朧，被門檻絆了一跤，從天庭摔落人間，撞掉了上排的門牙和犬齒，到今天都還沒長出來！

狗小圓：哎喲！牛被逐出天庭好悲慘，撞斷牙齒好悲哀，辛苦耕田好悲壯，難怪有些牛要跑到地底下作怪，引起地震。

虎大歪：你又誤會啦！地底下有地牛，是原住民的傳說，地牛輕輕動一下，會造成小地震；地牛伸個大懶腰，我們就會天搖

地動。

狗小圓：地下的牛好威風，人們對地牛又敬又畏；地上的牛就可憐了，明明有四個胃，卻只能吃青草。如果我有四個胃，就可以大吃各種「很牛」的美食啦！

虎大歪：牛只有一個胃，只是這個胃比較大，分成四個相連的「胃室」，必須反芻食物來幫助消化。你那些個「很牛」的美食是什麼？

狗小圓：「很牛」的美食第一名是牛軋（ㄍㄚˊ）糖。傳說明代文人商輅（ㄌㄨˋ），把花生和麥芽糖攪拌之後，倒入牛形模具，做成牛軋糖祭拜文昌帝君，祈求考試順利。

虎大歪：我很好奇，文昌帝君喜歡吃牛軋糖嗎？

狗小圓：商輅在鄉試、會試、殿試都拿到第一，三元及第。你說，文昌帝君喜不喜歡吃牛軋糖？牛軋糖牛不牛？

虎大歪：牛軋糖好牛啊！難怪喜慶場合常常可見牛軋糖，年貨大街也「滿滿是」。你手上拿的牛舌餅又有什麼特殊意義？

狗小圓：牛舌餅是鹿港和宜蘭的特產，宜蘭牛舌餅薄而脆，吃起來像餅乾；鹿港牛舌餅包著內餡，口感酥軟像月餅。我各買一盒來給你拜年，希望大歪吃了牛舌餅，講話舌粲蓮花不打結。

虎大歪：我也不能失禮，這盒八種口味的牛奶糖送給你，祝福小圓過年吃甜甜，講話像糖一樣甜，紅包裝滿錢。小圓發財，媽媽笑開懷！

虎大歪、狗小圓，下臺一鞠躬。

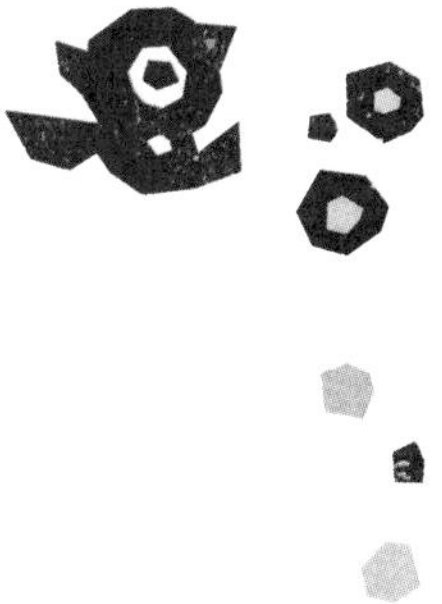

三 虎虎生風 山大王

虎大歪、狗小圓，
說學逗唱，上臺一鞠躬！

虎大歪：老鼠率先咬開了天，牛接著下田闢地，接著就輪到老虎，
虎虎生風上場啦！

狗小圓：老虎是森林之王，在十二生肖排第三，落在小老鼠後面，
哪來的虎虎生風？你真是愛膨風！

虎大歪：你敢說我膨風，真是老虎頭上打蒼蠅，好大的膽子！

狗小圓：好說，我這是狗眼看「虎」低，嘿嘿嘿！

虎大歪：十二生肖中老虎的順序遙遙領先狗，從古到今都受人尊重，即使是剛出生的虎寶寶，也被尊稱為小「老」虎。

狗小圓：我知道老虎和老鼠一樣少年老成，外表比實際年齡臭老，從小就被說「老」。我還聽說老虎又叫「大蟲」，遠看就像一條黃黑相間的大毛毛蟲。

虎大歪：胡說八道！古人以「老」為尊，老虎的老，和老師、老闆的「老」一樣，都有尊敬的意思。老虎被稱做大蟲，和唐太宗李世民有關，和毛毛蟲一點關係都沒有。

狗小圓：唐太宗是皇帝，每天日理萬機，忙得很，哪來的美國時間把老虎改名叫大蟲？

虎大歪：古人對名字的忌諱很多，不能直呼長輩

的名字，也會避免使用那些字，表示尊敬。唐太宗的爺爺名叫李虎，老虎和皇帝的爺爺撞名，當然得改掉。

狗小圓：嘿！當皇帝，好威風，森林之王也得甘拜下風，明明就是先有老虎，後有李虎，皇帝一句話就把老虎變成蟲，真不講理。

虎大歪：古人說，天下生靈都是蟲，有羽毛的禽鳥類是羽蟲，長滿毛的野獸是毛蟲，有甲殼的動物是甲蟲，長滿鱗片的魚和蛇是鱗蟲，什麼都沒有的人類是倮（ㄌㄨㄛˇ）（同「裸」）蟲。老虎是大隻的毛蟲，簡稱大蟲。老虎變大蟲，一點也不可憐，還因禍得福。

狗小圓：你瞎掰！被迫改名怎麼可能因禍得福？

虎大歪：西漢的飛將軍李廣射死老虎後，請人打造了老虎形狀的銅質尿壺，稱做「虎子」，唐朝為了避諱（ㄏㄨㄟˋ），把「虎子」改名，叫做「馬子」，慢慢演變成現在的馬桶。

虎
大蟲

狗小圓：哈哈哈，真好笑，馬好無辜，莫名奇妙幫老虎擔了這個臭名。

虎大歪：從此，老虎跟馬成了好朋友，合稱「馬馬虎虎」。

狗小圓：你胡扯！我還聽說老虎和貓有親戚關係，貓是老虎的舅舅，老虎還曾經拜貓為師！

虎大歪：這肯定是嫉妒老虎威名的人亂傳的謠言，你才胡扯！

狗小圓：我可是有證據的，老虎被歸類在貓科，還有個別名叫「大貓」，詩人陸游也寫過：「俗言貓為虎舅，教虎以百藝，惟不教其上樹。」還有個小故事，我說給你聽。

虎大歪：你說說，我聽聽，找出破綻，一一破解。

狗小圓：很久以前，貓十八般武藝樣樣精通，動作靈敏，是山林之王。老虎雖然身強體壯，卻什麼不會，腦袋也不靈光，是名副其實的紙老虎，就連老烏龜都瞧不起老虎。

虎大歪：貓和老虎有幾分相似，也許是古人眼花，把身手俐落的小老虎認做貓，把又胖又蠢的大肥貓看成老虎，你沒聽說過「老虎不發威，被人當病貓」嗎？

狗小圓：老虎嚥不下這口氣，苦苦哀求貓收他為徒，學習覓食、求生和狩獵的本事。貓很大方，幾乎把自己本事都傳授給老虎，只保留一招。

虎大歪：你看看，貓就是狡詐，教徒弟還留一手，不夠意思。

狗小圓：這叫謹慎，不是狡詐。老虎學會貓的本領，忘恩負義，瞧不起貓，張大嘴巴一口就要吃掉貓，貓一轉身，輕巧上樹。

虎大歪：「得勝的貓兒歡似虎」，貓以為老虎不會爬樹，正得意忘形，誰知老虎輕輕一躍，跳上樹，一口吃了貓！

狗小圓：不不不，貓唯一沒教給老虎的本事，就是爬樹。老虎不會爬樹，只好眼睜睜看著貓逃走。

虎大歪：你沒常識也要常看動物頻道，老虎會爬樹。這個故事和許多生肖屬虎的忌諱一樣，沒有根據。

狗小圓：生肖屬虎不吉祥，忌諱多，不要參加婚禮，不適合當伴郎或伴娘，不可以進新娘房，也不能探望初生的嬰兒……

虎大歪：上古時代，人們相信在門上畫門神和老虎的像，可以驅鬼逐魔。在民間信仰中，老虎是神明的坐騎，土地公的坐騎虎爺，更是孩子的守護神。老虎從守護神變成忌諱，這叫迷信！

狗小圓：古人讓孩子穿虎頭鞋，戴虎頭帽，睡老虎枕，就是相信老虎會保護孩子。老虎的形象會變差，都怪虎姑婆，我從小就被大人恐嚇，不乖乖睡覺就會被虎姑婆吃掉。

虎大歪：如果真的有虎姑婆，你那麼調皮，早被吃掉了。和老虎有關的傳說很多，虎姑婆只是其中之一，老虎額頭上的「王」字也有故事，你知道嗎？

狗小圓：我曾經和同學玩遊戲，輸了要被畫臉。老虎八成是和別的動物玩遊戲，輸太多次，才會被畫成大花臉。

虎大歪：老虎是玉皇大帝的貼身侍衛，和妖怪打架贏了才被畫臉，層次比你高！

狗小圓：哎喲，玉皇大帝當心，免得被老虎當成點心吃掉。

虎大歪：你污衊老虎，才要當心！當時人間有三種動物作怪，玉皇大帝問左右眾神，有誰自願下凡除怪？

狗小圓：哪三種動物作怪，驚動了玉皇大帝？

虎大歪：老虎問都沒問就自願下凡，把作怪的獅子、熊和馬，打得落花流水，回程時還一口咬死興風作浪，引發洪水的老烏龜。

狗小圓：獅子、熊和馬哪是什麼厲害的妖怪呀！這個傳說好扯。

虎大歪：老虎連勝三次，玉皇大帝就在老虎額頭刻下三條橫線，記大功三次。

狗小圓：「王」字是三橫一豎，只畫三條橫線，還少一豎呀？

虎大歪：老虎想起老烏龜的事，趕緊回頭跟玉皇大帝稟報，玉皇大帝二話不說，在老虎額頭上又畫一筆，三橫一豎就變成王啦！

狗小圓：為了慶祝老虎當大王，我們來辦個慶祝會。

虎大歪：好哇！慶祝會有美食才精采，菜單怎麼開？

狗小圓：前菜是油炸虎斑花枝丸，主食是虎咬豬，甜點是虎皮蛋糕，水果是天生白虎湯——西瓜，都是我愛吃的。

虎大歪：老虎是保育類動物，這些好料雖然都有個虎字，卻和老虎沒關係，小圓太有創意啦！

虎大歪、狗小圓，下臺一鞠躬。

四 狡兔三窟謀略多

虎大歪、狗小圓，
說學逗唱，上臺一鞠躬！

虎大歪：小兔子乖乖，把門兒開開，快點開開，我要進來。
狗小圓：不開不開我不開，媽媽沒回來，誰來都不開。
虎大歪：小圓你快開門，我是虎大歪，不是大野狼。
狗小圓：大歪！你沒事唱〈小兔子乖乖〉做什麼？難不成你是虎姑婆，假扮成虎大歪，想騙我開門！

虎大歪：今天我們要講的生肖是兔子，唱首兔子兒歌來暖暖場，應應景。

狗小圓：兔子如果聽到這首歌，一定會跳腳抗議！

虎大歪：抗議你走音太嚴重，歌聲太難聽嗎？

狗小圓：哼！你的歌聲才可怕，我是合唱團的首席男高音，好多女生都拜倒在我的歌聲之下。兔子看似可愛柔弱，其實聰明伶俐計謀多。你肯定不知道，兔子是「地產大亨」，房子又多又大，每一戶還打通相連，逃生方便，不怕野狼來敲門。

虎大歪：兔子能在十二生肖裡排第四，肯定有非凡的能耐。不過，你說兔子是地產大亨，實在是太誇張了，口說無憑，拿證據來。

狗小圓：兔子沒有尖牙和利爪，要在險惡的江湖

中生存，擁有三套房產是基本配備，正所謂「狡兔三窟」，遇到野狼才不會哭哭。

虎大歪：什麼？擁有三個藏身的地洞只是基本配備！那麼兔子的頂級配備是什麼呢？

狗小圓：那還用說，當然是「動如脫兔」跑得快呀！看到食物要快跑，免得吃不飽；遇到敵人更得連跑帶跳，快速奔回地洞藏好。

虎大歪：兔子很挑食，連窩邊草都不肯吃，哪會擔心吃不飽？

狗小圓：兔子的味蕾比人類發達，和我一樣是美食達人。窩邊草天天吃，吃久了會膩，就像我家附近的人氣美食，我都不太吃。

虎大歪：我就知道你不懂「兔子不吃窩邊草」的意思。兔子洞口野草叢生，可以當做掩護，在欠缺糧草餓肚皮的時候，兔子才會吃窩邊草，知道嗎？

狗小圓：也對，如果有紅蘿蔔可以啃，哪隻兔子想吃草！野草又長又韌，兔子只有兩顆大門牙，肯定咬不斷、嚼不爛。

虎大歪：你又錯了！兔子喜歡嚼野草更甚於啃紅蘿蔔，而且，兔子有四顆上門牙，兩顆下門牙，再加上臼齒，總共有二十八顆牙。

狗小圓：哎喲！沒想到兔寶寶的門牙這麼多，好嚇人！千萬別惹兔寶寶生氣，被牠咬一口，傷口好多個。

虎大歪：兔子和老鼠一樣，牙齒會不斷生長，要吃草或是啃東西來磨牙，如果牙齒太長會影響咬合，導致食慾不佳，嚴重的話甚至會危及生命。

狗小圓：那麼，兔子的眼睛紅，是不是因為牙齒太長，牙疼難受，愛哭哭呢？

虎大歪：兔子不是愛哭鬼，也不是所有的兔子都是紅眼睛。黑兔子的眼睛是黑色，灰兔子的

眼睛是灰色，只有白兔子的眼睛是紅色。

狗小圓：所以，只有小白兔是愛哭鬼？

虎大歪：兔子的眼睛虹膜無色透明，眼睛的顏色和毛色有關。灰兔子體內有灰色素，毛和眼睛都是灰色，白兔子體內沒有色素，我們看到的紅色，是眼球內的血液反映出來的顏色。

狗小圓：不瞞你說，不是我「眼紅」，十二生肖兔子排第四，狗卻排在倒數第二，真想不透我的老祖宗怎麼會輸給兔子？我想，兔子不是比賽作弊，就是靠著裝可愛，打悲情牌博取同情，得到好排名。

虎大歪：剛剛才說兔子跑得快又聰明伶俐，輸了就要服氣，怎麼可以質疑兔子作弊！

狗小圓：東方有牛兔賽跑的傳說，西方有龜兔賽跑的故事。兔子雖然跑得快，卻輕敵愛睡覺，跑到一半就呼呼大睡，飛毛腿跑輸水牛和烏龜，從古時候就被嘲笑到現在，被我懷疑作

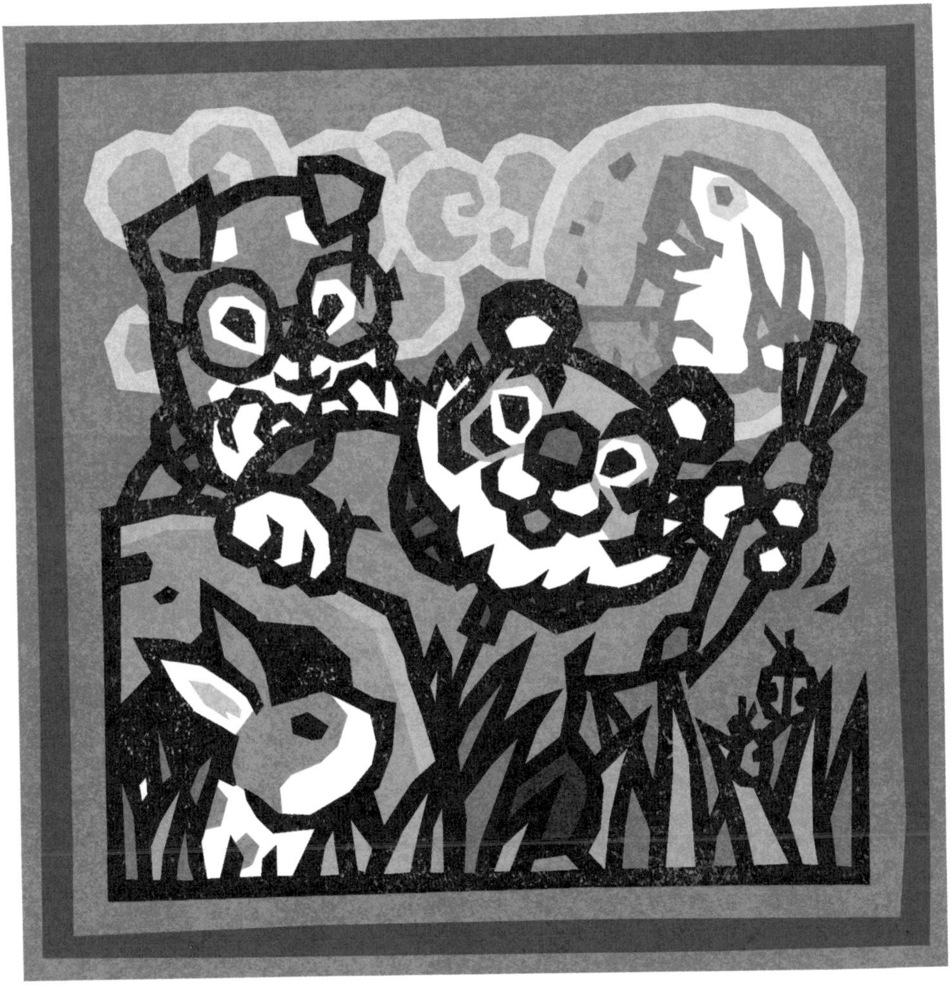

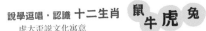

弊也只是剛剛好。

虎大歪：兔子在比賽中睡著，和兔對應地支中的「卯」有關係，不能怪兔子偷懶愛睡覺。

狗小圓：「卯」字看起來，就像兔子頭上那對毛茸茸的大耳朵。難不成兔子因為耳朵太大、太重，整天都昏昏欲睡？

虎大歪：清晨五點到七點是卯時，兔子這時候最活躍。兔子是「曙暮性」動物，在清晨和黃昏的微光時間活動，白天大多在睡覺休息，免得成為獵物。

狗小圓：古人認為太陽上有黑色的三足烏鴉，稱做「金烏」；月亮上有兔子，名為「玉兔」，還用「兔走烏飛」來形容時光流逝。看來古人早就知道，兔子和太陽不對盤。

虎大歪：兔子雌雄難分，而且生產力驚人。古人誤以為兔子看著月亮就會受孕，再從嘴巴吐出寶寶，這也是兔子名稱的由來，瞧！兔子是「吐子」的諧音。

狗小圓：《封神榜》裡有類似的說法，紂王把姬昌的兒子伯邑考做成肉餅，送到牢房給姬昌吃。姬昌吃了餅之後，吐出三隻兔子。吐子和兔子同音，後人便把他吐出來的動物稱做兔子。

虎大歪：我知道這個殘忍的傳說，伯邑考後來被封為紫微大帝，算是還他公道。

狗小圓：是啊！傳說還是得兼顧公理和正義。

虎大歪：東方有兔兒爺和月兔，西方有幸運兔腳和復活兔。不論東西方，兔子都被視為守護人們的吉祥動物。

狗小圓：我喜歡熱鬧喜氣的復活兔傳說。聽說復活節的時候，復活兔會送給好寶寶一籃子的彩蛋，還有各式各樣的巧克力和糖果。

虎大歪：你調皮又貪吃，可能得先拿到幸運兔腳，或是裝扮成復活

節的兔子，才有辦法拿到一顆彩蛋和一塊巧克力吧！

狗小圓：哼！你大概得跟《愛麗絲漫遊奇境》這本書裡的愛麗絲一樣，先掉進兔子洞，再被瘋狂的三月兔攻擊，才能拿到一條紅蘿蔔吧！

虎大歪、狗小圓，下臺一鞠躬。

龍蛇馬羊

飛龍在天遊四海
靈蛇之珠無價寶
萬馬奔騰成功到
吉羊如意喜洋洋

五 飛龍在天遊四海

虎大歪、狗小圓，

說學逗唱，上臺一鞠躬！

虎大歪：老鼠開天，福牛闢地，排行第三的虎大王交棒給兔子，接著就輪到龍上場啦！

狗小圓：對！龍是最受歡迎生肖排行第一名。

虎大歪：龍是「麟鳳龜龍」祥瑞四靈之一，從古到今都廣受尊崇。

狗小圓：龍年的生育率最高，龍年生的孩子被稱做小龍子和小龍

女，喜氣又吉祥。

虎大歪：龍與虎關係緊密，是出類拔萃的「人中龍虎」。「龍騰虎躍」形容精神奕奕，行動矯健；「臥虎藏龍」比喻潛藏著人才……

狗小圓：龍和老虎確實關係匪淺，「龍困淺水遭蝦戲，虎落平陽被犬欺」，同享榮耀共落難啊！

虎大歪：有兩個狗和龍、虎湊成對的諺語，不但恰好成對，意思還差不多。

狗小圓：有這種諺語？快說來聽聽！

虎大歪：「畫虎不成反類犬」、「畫龍不成反為犬」。不管是畫老虎還是畫龍，畫得「不像樣」，就會變成狗！

狗小圓：老虎和狗都是一個頭、四條腿，「畫犬不成反類虎」是有幾分可能。龍同

時具有九種動物的特徵，又稱「九不像」，你知道嗎？

虎大歪：當然知道！龍的模樣是兔眼、鹿角、牛嘴、駱駝頭、蛤蜊腹、虎掌、鷹爪、魚鱗、蛇身。你問這個做什麼？

狗小圓：狗不在九種動物裡，可見龍和狗壓根兒不像。所謂的「畫犬不成反為龍」，根本就是古人搞烏龍！

虎大歪：帝王的身體叫做「龍體」，帝王的相貌稱做「龍顏」，「龍心大悅」表示帝王開心得不得了。只要能跟龍沾上邊，即使是烏龍，也覺得光榮！

狗小圓：「烏龍」是指出乎意料的錯誤或失誤，你別想矇我。

虎大歪：古人把黑狗稱做「烏尨」，尨被誤寫成龍，就出現烏龍一詞，狗是高攀了龍呀！

狗小圓：為什麼在足球比賽，防守的一方不小心把球踢進自家球門，幫助對手得分，會被稱為「烏龍球」呢？

虎大歪：這種失誤在英語稱做「own goal」，和粵語烏龍的讀音相

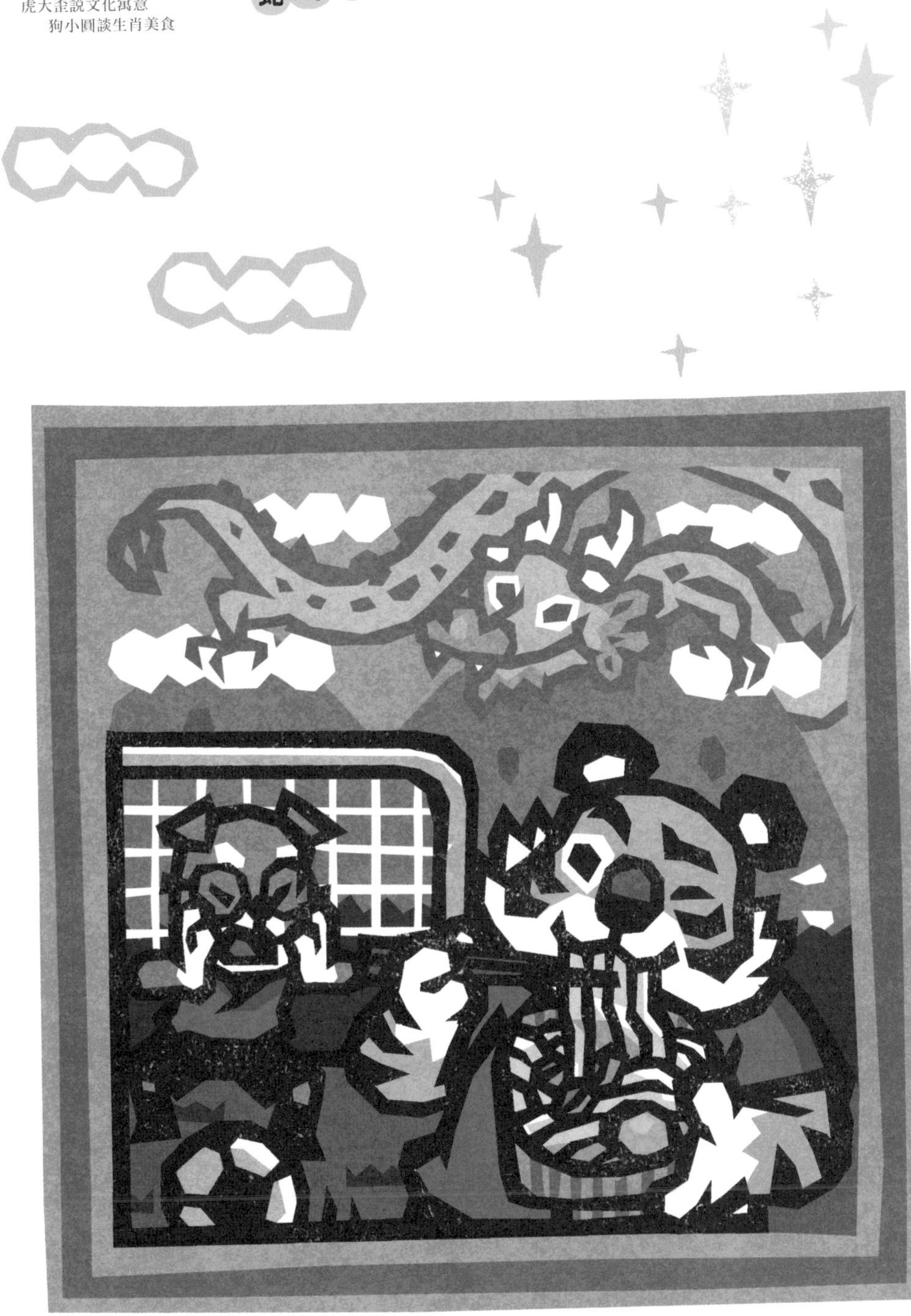

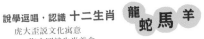

似，香港記者就用烏龍球來形容這種情形。

狗小圓：我最愛吃烏龍麵，該不會是誰搞了烏龍，把原料亂湊一通，變化出來的美味麵條吧？

虎大歪：烏龍麵的日文發音和中文的烏龍相似，和搞烏龍一點關係都沒有，你別瞎扯，什麼都要和龍沾上邊。

狗小圓：我就是愛和龍沾上邊，先來碗烏龍麵墊胃，接著吃龍牙、啃龍孫，最後用臺南東山龍眼乾當甜點收尾。

虎大歪：我只知道龍生了九個兒子，倒不知道龍有孫子，你竟敢吃龍牙、啃龍孫，真是放肆！

狗小圓：我的個性溫良恭儉讓，不敢造次，龍牙是指水餃或扁食，龍孫是竹筍的別名。你說龍有九個兒子，這些龍子是不是各個都優秀呀？

虎大歪：龍的九個兒子都不像龍，性格和愛好也各個不同，這些龍子都是寺廟裡常見的圖騰，你到廟裡可以仔細觀察。

狗小圓：九不像的九個兒子都不像龍，龍的心情應該很鬱悶吧？

虎大歪：真正讓龍鬱悶的是，十二生肖老虎排第三，龍只排到第五，「龍爭虎鬥」的贏家，是我們老虎！

狗小圓：你這個叫「攀龍附鳳」吹牛皮！龍可以飛天，還能下海，古人尊稱帝王的後代為「龍子」，卻把尿壺稱做「虎子」，龍可比老虎威風多了。

虎大歪：喂！你是哪壺不開提哪壺，沒聽說過「將門虎子」嗎？虎子是強健男子的意思。龍如果比老虎威風，怎麼會在十二生肖屈居第五呢？

狗小圓：龍會飛，應該拿第一，但是掌管雨水的龍，臨時接到降雨命令，耽誤了比賽，生肖才會排在第五。如果來場公平的「龍虎之爭」，龍絕對贏過老虎。

虎大歪：不是我吹牛，「龍虎之爭」的結果肯定是老虎一「隻」獨秀！因為龍是人們無中生有，想像出來的動物。

狗小圓：你沒見過龍，不代表龍不存在。龍的傳說多如牛毛，你聽過唐朝魏徵斬龍王的故事嗎？

虎大歪：當然聽過。涇河龍王和算命仙鬼谷子，打賭下雨的時刻和雨量多寡，掌管雨水的龍王自以為勝券在握，沒想到玉帝的下雨命令來了，雨量恰如鬼谷子所算，不多也不少。

狗小圓：龍王不肯服輸，私自加大雨量，害長安城淹大水，死傷慘重。玉帝大怒，降旨要魏徵把龍王斬首示眾，龍王趕快找唐太宗求情。

虎大歪：唐太宗把魏徵找來下棋，不讓他離開，以為拖過行刑時辰就沒事。沒想到魏徵一邊下棋，一邊打瞌睡，在夢裡斬了龍王。每次歌仔戲演這齣戲我一定準時收看。

狗小圓：成語「葉（ㄕㄜˋ）公好（ㄏㄠˋ）龍」裡的葉公喜歡龍，家裡全用龍來雕飾。天上的龍知道此事，特地到葉公家的窗口窺探，不料葉公看見真的龍，嚇得臉色發青，逃之夭夭啊！

虎大歪：「葉公好龍」的狀況大家都有，還是別講人閒話，免得說到自己。傳說黃帝和百姓合鑄一個很大的銅鼎，放在荊山腳下，銅鼎鑄成後，有一條龍從天而降，帶著黃帝飛上天，變成玉皇大帝。

狗小圓：你是說玉皇大帝的前身是黃帝？

虎大歪：沒錯。黃帝翻身騎到龍背上，大臣和黃帝的妻兒也紛紛攀著龍的鬍鬚往上爬，爬呀爬，細細的龍鬚被扯斷了，一堆人都掉落地面。

狗小圓：黃帝騎龍飛天而去，掉落地面的龍鬚長成龍鬚菜，大臣們還發明龍鬚糖。

虎大歪：小圓的聯想力太豐富了，如果舉辦吹牛大賽，你肯定「鯉魚躍龍門」，高中狀元。

狗小圓：考試和鯉魚、龍門有什麼關係？

虎大歪：「鯉躍龍門」是民間傳說。龍門位在山西的黃河峽谷，傳說黃河的鯉魚如果成功跳過龍門，就會幻化成龍。後人用來比喻考試中舉或是升官發達。

狗小圓：難怪日本的男孩節要掛鯉魚旗。成功躍過龍門的鯉魚變成龍，躍龍門失敗的鯉魚，命運又會如何呢？

虎大歪：撞得頭破血流，卻挑戰失敗的鯉魚，稱做「龍門點額」。如果你不好好用功，入學考試名落孫山、榜上無名，就可以說是「龍門點額」。

狗小圓：哎呀！大歪沒事提恐怖的考試做什麼？我得吃幾塊龍鬚糖壓壓驚。

虎大歪：一邊吃龍鬚糖，一邊看金庸寫的《天龍八部》，再配上一壺凍頂烏龍茶，嗯！真是人生絕佳的享受啊！

虎大歪、狗小圓，下臺一鞠躬。

六 靈蛇之珠無價寶

虎大歪、狗小圓，
說學逗唱，上臺一鞠躬！

狗小圓：大歪，說個謎語給你猜猜看。
虎大歪：我最討厭猜謎語，每次都猜錯，好燒腦！
狗小圓：「沒有腳卻能跑，沒有鰭卻能游泳，沒有翅膀卻能在空中滑翔」，你知道是什麼動物嗎？
虎大歪：謎底就是蛇啊！哈哈！我好厲害！蛇沒有四肢，卻能優遊

於陸地和水中，還有一種飛蛇，能夠從樹上高空彈跳，在空中滑翔。

狗小圓：蛇沒長毛，卻讓我全身發毛。蛇的古字是「它」，上古時期，人們見面打招呼不是說「呷飽沒？」而是問「無它乎？」沒有蛇才敢出門。

虎大歪：蛇在十二生肖排第六，對應到地支「巳」，巳看起來就像大頭蛇。除了「它」，「虫」和「也」都是蛇的古字。後來「它」被借去指涉別的事物，人們便把「虫」和「它」二合一變成「蛇」。

狗小圓：媽呀！我現在不只全身發毛，連頭皮都發麻。

虎大歪：小圓別怕，蛇和龍一樣滿身鱗片，又稱「小龍」，傳說人類的始祖伏羲和女媧，都是人面蛇身呢。

狗小圓：我只知道，如果沒有被蛇引誘，夏娃就不會偷吃禁果，現在還在伊甸園過著幸福快樂的日子。難怪人家說，「蛇」粲蓮花，就是告誡我們，絕對不能相信蛇的話。

虎大歪：舌粲蓮花形容口才好，「舌」是指舌頭，和蛇無關。你再討厭蛇，也不該栽贓蛇。

狗小圓：蛇的名聲從來就沒好過，古人用「毒蛇猛獸」來比喻凶狠殘暴的人，「蛇蠍心腸」形容人心陰險惡毒。而今人們更以「魯蛇」來形容人生失敗者。

虎大歪：你這是一竿子打翻一船「蛇」，魯蛇是英文「loser」的諧音，和蛇沒關係。傳說草花蛇是土地公女兒的化身，又稱「土地公蛇」，而且，夢見蛇是好兆頭呢！

狗小圓：我不想夢見蛇，也不想和蛇扯上關係。老師說我寫的字有如「春蚓秋蛇」，難以辨識；「行行蛇蚓」，歪七扭八，每次都送我大丙。

虎大歪：你寫字難看，吃大丙是剛剛好。朋友都說我寫的字飄逸生動，遠看猶如「龍蛇飛動」，近看有「筆走龍蛇」之勢，人見人讚嘆。

狗小圓：毒蛇和猛虎剛好湊一對。「握蛇騎虎」表示處境艱難，「虎頭蛇尾」比喻做事有始無終，都不是好事！

虎大歪：蛇和老虎都很有個性，不會對人類搖尾巴示好，不要命的笨蛋才會握蛇騎虎。世界衛生組織和衛福部的標誌，都有大蛇纏繞在手杖上的圖案，你知道為什麼嗎？

狗小圓：我在救護車上看過類似的圖案，藍色的星星中間有一條白色的蛇纏繞在木杖上，可能很多人被蛇咬傷，提醒大家小心毒蛇。

虎大歪：恰恰相反！「蛇杖」是希臘醫神雅斯拉比斯的權杖。木杖代表人體的脊椎骨，蛇每年都會蛻皮，象徵復原和重生，許多衛生醫療組織的徽章上，都有蛇杖的標誌。

狗小圓：蛇之所以蛻(ㄊㄨㄟˋ)皮，主要是因為身體長大變胖，布滿寄生蟲的舊皮衣又緊又髒，不得不換件新皮衣，沒什麼了不起。一旦被毒蛇咬傷，別說重生，搞不好還得重新投胎呢！

虎大歪：除非受到驚嚇，蛇不會主動攻擊人類，毒性高、會讓人致命的毒蛇並不多，蛇毒甚至能做成藥物，救人性命。

狗小圓：《伊索寓言》提過，農夫救了凍得奄奄一息的蛇，放在懷裡保暖，蛇醒過來後，不知感恩，反咬農夫一口！

虎大歪：你別誤會，蛇會報恩！《搜神記》記載，春秋時代隋侯救了受傷的蛇，那條蛇銜來一顆夜明珠回報，這就是「靈蛇銜珠」的故事。後人用「靈蛇之珠」來比喻無價之寶或是超凡的才智。

狗小圓：比《搜神記》更早的《山海經》記載，有一種蛇叫做巴蛇，可以吞下大象。「靈蛇銜珠」和「巴蛇吞象」，都是古人的想像，如果真有夜明珠，肯定被蛇吞下肚。

虎大歪：小圓討厭蛇，我再怎麼說都是「畫蛇添足」，多此一舉。來，說說為何你對蛇有偏見。

狗小圓：去年暑假我到鄉下外婆家，皮球滾進草叢，撿球時看到一條扭動的繩子，媽呀，是蛇！嚇死我了。蛇蜷在我的球旁邊，即使我的尖叫聲響徹雲霄，蛇都不為所動。

虎大歪：這就是「一朝被蛇咬，十年怕草繩」。蛇沒有外耳，內耳的聽力也非常弱，根本聽不到你的尖叫聲！你應該拿根竹竿「打草驚蛇」，蛇知道你來了，就會溜之大吉。

狗小圓：誰說蛇的聽力不好，蛇還可以隨著弄蛇人的笛聲起舞呢！

虎大歪：那是因為弄蛇人擺手動腳，或搖晃笛子，對蛇發出訊號，做出蛇隨著笛聲左右擺動的假象。

狗小圓：常聽人家說「蛇鼠一窩」，是不是老鼠聽力很好，兩個窩在一起，有互補作用？

虎大歪：你想太多了。「蛇鼠一窩」形容壞人互相勾結。其實，蛇

是鼠輩的剋星，把蛇和老鼠關在一起，老鼠會被蛇一口吞下肚，蛇鼠一窩最後只剩一窩蛇。

狗小圓：蛇的小嘴巴，怎麼有辦法一口把老鼠吞下肚？

虎大歪：蛇的嘴巴有一條跟橡皮筋一樣伸縮自如的韌帶，可以張開到接近一百八十度，吞下比身體大上好幾倍的動物，蟒蛇甚至可以吞食獅子和鱷魚呢！

狗小圓：古人把蛇、蠍子、蜈蚣、壁虎和蟾蜍並列為「五毒」，我覺得就算把其他四毒加起來，都沒有蛇來得可怕。

虎大歪：排灣族自稱為「百步蛇的傳人」；魯凱族把百步蛇視為守護神，是祖靈的象徵；福建、檳城和印度都有蛇廟；福建的簡稱「閩」，門裡的虫就是蛇。他們都敬畏蛇，一點都不怕蛇。

狗小圓：因為害怕蛇，所以敬蛇而遠之。千萬別讓我遇到蛇，蛇的臺語是「溜」，看到蛇要趕快溜，一點都沒錯。

虎大歪：不不不，有些蛇廟甚至供奉真的蛇。七夕時，福建樟湖鎮的人，會把蛇披掛在身上，在大街上「游蛇神」，祈求蛇神保佑人們平安。

狗小圓：游蛇神時千萬別失神，免得被蛇一口吞下肚。

虎大歪：你對蛇有偏見，我帶你去臺北市萬華區的華西街看蛇，喝碗蛇肉湯，幫你壯膽壓驚。

狗小圓：我雖然貪吃，可不是什麼都吃，蛇被視為龍的化身，我對「它」又驚又懼，一點也不想把「它」吞下肚。嫣呀，快溜！

虎大歪、狗小圓，下臺一鞠躬。

七 萬馬奔騰 成功到

虎大歪、狗小圓，
說學逗唱，上臺一鞠躬！

虎大歪：「一馬當先」、「快馬加鞭」、「路遙知馬力，日久見人心」。

狗小圓：「慣騎馬的慣跌跤」、「人善被人欺，馬善被人騎」呀！

虎大歪：馬在十二生肖排第七，脾氣溫和又跑得快，載人扛貨運東西，刻苦又耐勞，站著就睡還不挑食，和牛一樣吃草就滿

足。古人以「做牛做馬」來比喻工作勤奮勞苦。

狗小圓：我爸爸無肉不歡，餐餐都有魚和肉，還說他為我「做牛做馬」，真是「馬不知臉長，猴子不知屁股紅」。

虎大歪：「馬不知臉長，猴子不知屁股紅」，是指人不知道自己的缺點。小圓爸爸辛苦工作，讓你吃得飽，讀書沒煩惱，你不知感恩還胡亂比喻，「牛頭不對馬嘴」，真不應該！

狗小圓：哎呀，「人有失神，馬有亂蹄」，我錯了！一提到馬，我就想到馬不知臉長。好奇怪呀真奇怪，馬、牛、羊、鹿都是草食性動物，為什麼只有馬的臉特別長？

虎大歪：如果你看過馬的頭蓋骨，就會發現馬不是臉長，而是嘴巴大。牛、羊、鹿都是反芻動物，可以透過反芻來消化食物。馬不會反芻，所以嘴巴

特別大。

狗小圓：會不會反芻和嘴巴大小有什麼關係？我也不會反芻，但是櫻桃小嘴人人誇，俊俏的小臉帥度直逼韓國歐巴！

虎大歪：你不吃草，不會反芻當然沒關係。馬只能吃草，又不會反芻，嘴巴大才能大口咀嚼，吞嚥不容易消化的草。即使如此，馬的消化與吸收能力，還是不如其他反芻動物，得多吃、常吃才能彌補過來。

狗小圓：「人無橫財不富，馬無夜草不肥」。馬得多吃，吃飽才有力氣跑，「又要馬兒好，又要馬兒不吃草」是行不通的。

虎大歪：還有兩個因素讓馬臉看起來特別長：馬的眼睛長得高，耳朵長在頭頂上。即使馬低頭吃草，也能眼觀四面，耳聽八方，偵察敵情，隨時準備逃命。

狗小圓：如果馬的聽力那麼好，為什麼媽媽常說，我把她的話當做「馬耳東風」，左耳進、右耳出，聽過就忘記？

虎大歪：馬耳東風出自李白的詩句「世人聞此皆掉頭，有如東風射馬耳」，原意是指東風吹過馬耳朵旁邊，瞬間消逝。這個成語的重點是「耳邊風」，不是馬耳。

狗小圓：我就說嘛，如果馬那麼不靠譜，一點小事都記不住，人們怎麼會用「馬到成功」當祝福語，而不是說「虎到成功」或是「豹到成功」。

虎大歪：馬是古人的交通工具，從來沒聽過有誰能騎虎乘豹。以前沒有槍炮彈藥，打仗比的是「兵強馬壯」。「馬到成功」形容戰馬一到陣前就取得勝利，旗開得勝好犀利。

狗小圓：難怪很多人喜歡在辦公室掛駿馬圖，除了象徵馬到成功，還能彰顯氣勢，飛躍奔騰的馬讓人聯想到「龍馬精神」，積極向上，勇往直前。

虎大歪：奔騰的駿馬可不是人人都畫得出來，畫馬一定要小心謹慎，以免「馬失前蹄」栽跟斗，搞出人命，害人又害己。

狗小圓：畫得不像，頂多被人嘲笑，怎麼會鬧出人命？你倒是說來聽聽。

虎大歪：從前，有個畫家喜歡畫老虎。有一天，他剛剛畫好一個虎頭，朋友來找他，請他幫忙畫馬，畫家隨手一揮，在虎頭下面畫上了馬的身體。

狗小圓：這個畫家會不會太隨便啦！如果我是他朋友，絕對不把這幅虎頭馬身的怪畫拿回家。

虎大歪：朋友問他：「你畫的是馬還是老虎？」畫家回答：「管他是什麼，馬馬虎虎吧！」畫家的朋友和小圓一樣，不願意把這幅虎頭馬身的畫帶回家。

狗小圓：我知道了，這個做事馬虎的畫家，就是「馬馬虎虎」的罪魁禍首。可是，畫得不像丟掉就好，怎麼會鬧出人命呢？

虎大歪：畫家把這幅畫掛在牆壁上，他的大兒子問他：「爸爸，你畫的是什麼？」畫家回答：「我畫的是老虎。」小兒子也

虎大歪

問他同樣的問題，畫家卻回答：「我畫的是馬。」

狗小圓：哎喲！這個畫家不只做事馬虎，還欺騙自己的小孩，而且，畫得不好就不該掛出來獻醜，真不知道他在想什麼？

虎大歪：後來，大兒子遇到馬，以為是老虎，拉弓射箭把別人的馬射死，賠了一筆錢才了事。

狗小圓：這是破財消災呀！

虎大歪：小兒子到荒郊野外，看見老虎，以為是馬，一走近前，就被老虎吃掉了。

狗小圓：這個畫家做事馬虎還說謊，以為能瞞天過海，最後付出慘痛的代價。

虎大歪：沒錯！做人做事，千萬不能抱持僥倖的心態，可以欺人一時，卻沒辦法騙人一世，總有一天露出馬腳。

狗小圓：我知道為什麼「騙」是馬部了。做事馬虎，就得找藉口掩蓋錯誤，漸漸變成說謊的騙子。不過，最後一定會露出馬腳，被海扁一頓。

虎大歪：小圓聯想力真強。不過，騙的本意是「躍上馬」，沒有欺騙的意思。欺騙的「騙」，本字應該是「諞」，後人把諞誤寫成騙，只好將錯就錯。而且，露出馬腳是有典故的，不能亂講。

狗小圓：我知道！明朝的淑女都會裹小腳，平民皇帝朱元璋的妻子馬皇后，沒有纏足，只好穿長裙遮住大腳。有一天，馬皇后乘馬車出遊，一陣強風吹來，露出她的大腳丫，從此，就用露出馬腳來形容事跡敗露。

虎大歪：更早就有露出馬腳的說法。古代節日慶典時，把繪製而成的麒麟皮，披在馬或驢子身上，假扮成麒麟，不過，裝扮得再相像還是會露出馬腳或驢腳。

狗小圓：我以為「指鹿為馬」已經很誇張了，沒想到還有更扯的。麒麟是傳說中的神獸，怎麼能找馬或驢來假扮呢？

虎大歪：你都可以說自己的帥度直逼韓國歐巴，為什麼馬不能扮成麒麟？正因為麒麟是傳說中的神獸，不存在現實生活中，才要找馬來假扮。

狗小圓：麒麟是鹿部，應該找鹿來假扮才對。「瘦死的駱駝比馬大」，既然如此，為什麼十二生肖只有馬，沒有駱駝？

虎大歪：如果生肖用比大小來判定，老鼠怎麼可能排第一？大象才要抗議！駱駝生長在沙漠地區，漢代張騫通西域之後才被引進，那時十二生肖早就排好順序了。

狗小圓：大歪好有學問，待會一起去壓馬路、吃馬蹄條和馬拉糕！

虎大歪：沒問題！荸薺又稱馬蹄，做成馬蹄條超美味。吃過大餐喝一壺「檸檬馬鞭草茶」，芬芳美味助消化！

虎大歪、狗小圓，下臺一鞠躬。

八 吉羊如意 喜洋洋

虎大歪、狗小圓，

說學逗唱，上臺一鞠躬！

狗小圓：羊在十二生肖排名第八，在我心裡卻是排第一。

虎大歪：怎麼？羊是你的親戚？還是你的好麻吉？

狗小圓：「羊」和「大」兩個字合起來是「美」，「羊」和「魚」兩個字湊一對是「鮮」，大口吞下新鮮的涮羊肉，人間第一美味。

虎大歪：羊肉鮮美人人愛，難怪有黑心商人「掛羊頭賣狗肉」，用狗肉冒充羊肉。你別光想著吃，快躲好，免得被吃掉！

狗小圓：你的腦袋瓜和「牛羊的肚腹」一樣，都是裝滿了草的大草包。因為宋徽宗生肖屬狗，嚴禁百姓吃狗肉，賣狗肉的攤商，才會掛羊頭賣狗肉，躲避官府追查。

虎大歪：明明是賣狗肉，卻掛羊頭，羊真是無辜又倒楣，難怪人們常常用「代罪羔羊」來比喻代人受罪的犧牲者。

狗小圓：「犧牲」的原意就是指祭神用的牲畜。牛、羊、豬是古人祭神的「三牲」。羊潔白溫和，又是吉祥的象徵，不論中西方，都犧牲羊來當代罪羔羊。

虎大歪：《舊約聖經》的〈肋未記〉中記載，倘若有人犯了罪，得找一隻羊當做祭品，將羊宰殺後獻給上主，人所犯的

罪過由羊代受，這個儀式稱為贖罪祭。

狗小圓：一整頭羊很貴的，買不起羊的窮人，該怎麼贖罪呢？

虎大歪：可以改獻兩隻斑鳩或雛鴿。連斑鳩或雛鴿都拿不出來的人，就準備細麵當做贖罪的祭品。

狗小圓：西方的羊是代人受罪，東方的羊是代牛送命。齊宣王看見即將被殺的牛恐懼發抖的模樣，心生不忍，便吩咐手下，用羊來代替牛犧牲，羊好無辜！

虎大歪：別以為羊都這麼無辜，堯舜時代的大法官皋陶，會藉助獨角神羊來斷案，那時候的羊可神氣了！

狗小圓：我只知道「迷途羔羊」，指人生路上迷失方向的人；「羊撞籬笆」，比喻進退兩難；「羊入虎口」，形容置身險地。溫順柔弱的羊自身難保，怎麼幫大法官辦案？

虎大歪：獨角神羊——獬豸，是傳說中的神獸，外觀像羊，頭上有獨角。獬豸能辨別是非，而且公正不阿，看見兩人相鬥，會用角去衝撞不對的一方；聽到兩人爭吵，會去咬理虧的人，皋陶就用獬豸來輔助辦案。

狗小圓：哇！如果現在有獬豸這種動物，罪犯看到獬豸馬上投降，從此天下太平，法官律師都得失業了！

虎大歪：可惜，獬豸只是傳說中的神獸，現在只能在憲兵的臂章，或是韓國首爾的吉祥物雕像，才能看到獬豸的蹤影啦！

狗小圓：羊的本性合群順從，羊群會亦步亦趨，跟隨「領頭羊」的腳步。好的領頭羊，會帶領羊群回羊圈；不好的領頭羊，會帶領羊群上「天堂」。

虎大歪：為什麼不好的領頭羊會帶領羊群上「天堂」？

狗小圓：土耳其和新疆都曾經發生綿羊集體跳崖自殺的事件，領頭羊走路不看路，摔下懸崖、一命嗚呼，其餘的羊竟然一隻接著一隻跟著往下跳，牧羊人攔都攔不住。

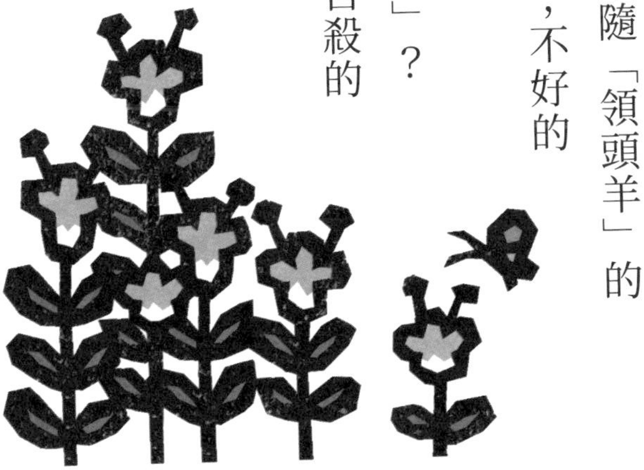

虎大歪：難怪「從眾效應」又稱為「羊群效應」。其實，人類也常常一窩蜂做相同的事，就像你，看到人氣美食名店大排長龍，非去湊熱鬧不可！

狗小圓：我會去排隊和羊群效應沒關係，但是和羊有一點點關係，這得從「養」和「羞」這兩個字談起。

虎大歪：跟風排隊吃美味，營「養」過剩肉成堆，小圓害「羞」又慚愧、悔不當初，對不對？

狗小圓：錯！「養」和「羞」都有謙恭進獻烤羊的意思。「養」是指食物帶來的滋養，羞是「饈」的本字，也就是美味的食物。傳說人類食用的五穀，是羊從天上偷下來，送給人類的禮物，你知道這回事嗎？

虎大歪：當然知道。羊從天上偷來五穀，送給人類，還傳授種植的方法，造福人類。你知道廣州有五羊石像，又被稱為「五羊城」的緣由嗎？

狗小圓：當然知道囉！羊把五穀送給人類後，人類不知感恩還把羊宰來吃，羊被吃掉之後，連年饑荒、稻糧欠收，人們為了贖罪，幫羊刻像立碑蓋廟，所以稱做「五羊城」。

虎大歪：我聽你胡扯！周朝時，廣州連年災荒，有一天，南海的天空出現五個仙人，騎乘五色羊降臨廣州，送給百姓五穗仙穀之後，仙人騰空飛去，五色羊變成石羊留下來，「五羊」和「羊城」從此成為廣州的別名。

狗小圓：這五色羊的故事太神奇了！常聽人說「羊有跪乳之恩，鴉有反哺之義」，這句話是什麼意思呢？

虎大歪：小羊跪著喝奶，藉此感謝母恩；烏鴉年老，無力外出覓食，小烏鴉有情有義，會銜著食物回巢，餵食老烏鴉。「羊跪乳，鴉反哺」最重要的含義是，為人子女要孝順父母。

狗小圓：我朋友的阿嬤，在雲林養羊，她說母羊的腿短，小羊非得跪下，才吸得到奶，小羊喝奶時，動作粗魯，有些母羊一看到小羊接近，還會嚇得逃走呢！

虎大歪：狗急了會跳牆，羊肚子餓了會爬樹！許多觀光客不遠千里到摩洛哥，就為了看「樹上長滿羊」的奇觀。摩洛哥的山羊還會幫農民「處理」堅果種子，可說是製作「沙漠黃金」——摩洛哥堅果油的好幫手。

狗小圓：根據美食達人我的推測，羊會上樹，不是因為地上沒草吃，就是樹上的果子特別美味。我很好奇，羊如何幫助農民「處理」種子？

虎大歪：就因為草不夠吃，羊才會跳上樹吃堅果。羊是反芻動物，吃下肚的堅果種子，常常會被吐出來或是排出來，農民撿拾這些被山羊的便便「處理」過的種子，拿去烘烤、磨碎、榨成堅果油。

狗小圓：這麼說來，摩洛哥堅果油和麝香貓咖啡的製程很像，這些需要動物便便幫忙「處理」的美食，全都要價不斐，難怪有人用黃金來形容大便！

虎大歪：摩洛哥堅果油不只可以拿來烹飪，還可以用來護髮、護膚。等你過生日，我招待你喝麝香貓咖啡，再送你一瓶摩洛哥堅果油。

狗小圓：感謝您！這些跟便便有關的「黃金」食材，我消受不起。只要喝碗羊肚蕈雞湯，再吃一鍋美味的涮羊肉，我就心滿意足了，你可別當放羊的孩子，說話不算話哦！

虎大歪：本人生性大方、闊氣豪爽，加碼羊肉爐一鍋，涼拌羊栖菜當配菜，最後用各種口味羊羹甜點收尾，吉羊如意喜洋洋啊！

虎大歪、狗小圓，下臺一鞠躬。

猴雞狗豬

升官封猴步步高
金雞報喜大吉利
旺旺招財狗來富
豬事大吉全家福

九 升官封猴 步步高

虎大歪、狗小圓，
說學逗唱，上臺一鞠躬！

狗小圓：今天來講十二生肖第九順位——猴。猴的諧音「侯」，想升官，就貼張猴子騎馬圖，祈求「馬上封侯」；希望子孫有出息，就掛大猴背小猴的畫，象徵「輩輩封侯」！

虎大歪：猴子雖然聰明機靈，可是性情急躁，做事猴急，聰明反被聰明誤，看看猴子界的大王孫悟空就知道，貪吃闖禍惹麻

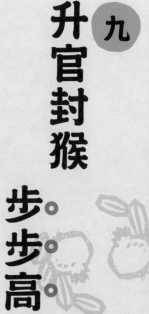

煩，後來被壓在五指山下。

狗小圓：猴子是我的遠房親戚，不許你造謠抹黑。在十二生肖中，猴子動作靈敏智商高，要不是蛇鼠一窩，串通老虎聯合作弊，猴子肯定排第一。

虎大歪：你別半路認親戚，胡扯攀關係！

狗小圓：猴是「犬」部，證明猴狗一家親。而且人類的祖先是猿，人、猿、猴都隸屬於靈長目，說猴子是我的遠房親戚，一點也不誇張。

虎大歪：「貓」的異體字是「猫」，「豬」的異體字是「猪」，這兩個字也都是「犬」部，按照你的邏輯，猫和猪也是你的本家，不知道你是猫大哥，還是猪小弟呀？

狗小圓：這兩個字就是認錯了親戚，才會變成異體

字。聰明的猿和猴才是狗的親戚。老虎又稱做大貓，古人還說老虎是貓舅，貓是你的親戚，不是我的。

虎大歪：「犭」通「犬」，這個放在偏旁的部首，被古人歸為獸類。狼、獾、狐狸、猩猩、狒狒、猿、猴，這些犬部的動物中，只有狼和狐狸同屬犬科，狼是狗的老祖宗，狗是被馴化的狼。

狗小圓：猿猴一家親，老虎和貓是舅甥，狼是狗的祖宗。都怪猩猩、狒狒、猿和猴的模樣太過相像，讓我傻傻分不清啊！

虎大歪：「猿」和「猴」的差別，看屁股就知道！猿沒有尾巴，猴子有尾巴。蜘蛛猴的尾巴長而有力，爬樹、撿果實都沒問題，算是第五隻「手」。

狗小圓：我在動物園看過蜘蛛猴，用尾巴纏繞在樹枝上盪來盪去，好像在盪秋千，就算睡著了，也不會掉下樹，「猴」犀利。分辨猿和猴要看屁股，猩猩和狒狒該怎麼區分呢？

虎大歪：金剛猩猩、紅毛猩猩及黑猩猩屬於「人猿總科」，黑猩猩和人類的基因組高度相似，都是「猿類」。狒狒有尾巴，被歸類在「猴科」，算是體型比較大的猴子。

狗小圓：「沐猴而冠」指猴子穿衣戴帽，只是虛有其表，不成人樣。如果主角換成黑猩猩，也許就不會穿幫了。

虎大歪：「沐猴而冠」是《史記》的故事，項羽帶領楚軍，攻占秦國首都咸陽之後，有人建議他，關中地勢險要，土地肥沃，在咸陽建都可以稱霸天下。

狗小圓：「沐猴而冠」的主角是猴子，跟項羽有什麼關係？

虎大歪：咸陽城已經殘破不堪，項羽不想留下來，便說：「一個人富貴發達了卻不回家，就像夜晚穿著華麗錦繡的衣服出門，卻沒有人看見。」

狗小圓：項羽真是好大喜功又愛現，如果他能「怗怗呷三碗公半」，就不會輸給劉邦。

虎大歪：那個獻計的人對項羽的說辭很不屑，背著項羽說：「人家都說楚人『沐猴而冠』，只是穿衣戴帽的猴子，果然沒錯！」項羽聽到後非常生氣，把那個人扔到油鍋裡烹煮。

狗小圓：好可怕！這個故事告訴我們，不要在背地裡說別人的壞話，也不可以隨便罵人是猴子，不然會被煮來吃。

虎大歪：說到吃，我覺得古人把猴、雞、狗、豬擺在一起，意義特殊。以前的食物少，這四種動物很常見，卻沒什麼用，捉來吃剛剛好。

狗小圓：你別亂說，狗是人類的好朋友，牧羊看門咬壞人，什麼都好，就是不好吃。猴子聰明本領高，猴戲雜耍樣樣精，吃掉多可惜！

虎大歪：古人喝猴頭羹、吃獼猴，這些在史書中都有記載，不是我亂說。《西遊記》也寫到獵人捕捉猴子，醬煮、醋蒸、油煎、鹽炒，樣樣好吃。

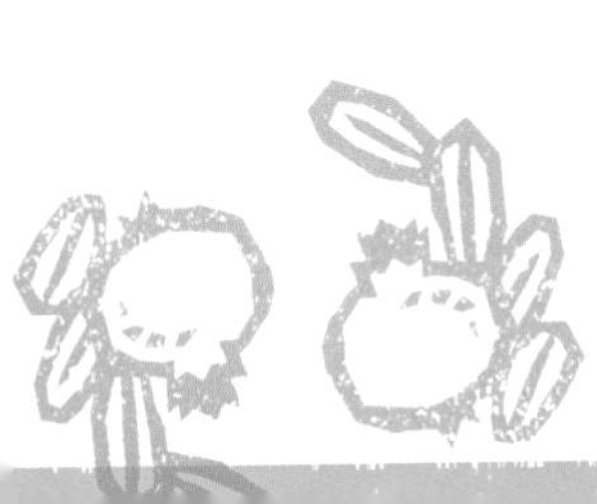

狗小圓：猴頭羹也許是「猴頭菇」的誤寫，吃獼猴則應該是「吃獼猴桃」。《西遊記》的主角孫悟空是猴子，作者這麼寫，是為了激怒孫悟空，我們才有好戲看。

虎大歪：講到孫悟空，我考考你，孫悟空是石頭裡蹦出來的，為什麼姓「孫」，不姓「石」？

狗小圓：他去找菩提祖師拜師學藝時，說自己無父無母，沒名沒姓。祖師看他長得像猴子，就把猴的別名「猢猻」去掉犬部，變成「胡」和「孫」。

虎大歪：看來大家都不想和犬扯上邊呀！既然如此，胡應該是第一優先，為什麼後來是「孫」雀屏中選呢？

狗小圓：把孫字拆開，左邊是子、右邊是系，子是男兒，系指嬰兒，比胡更合適。換我考你，為什麼玉皇大帝要孫悟空當「弼馬溫」，讓他去養馬？

虎大歪：古書記載，在馬廄養猴子，可以避免馬瘟。弼馬溫是「避馬瘟」的諧音，不是胡謅的。

狗小圓：說到養猴子，我就想到「朝三暮四」的故事。戰國時代那個養猴子的狙公，應該可以算是詐騙集團的元老。

虎大歪：狙公養了一大群獼猴，為這些猴子猴孫散盡家財，怎麼會是詐騙集團？

狗小圓：狙公養獼猴的花費太大，不得不減少獼猴的食物。他對獼猴宣布，早上發放三升橡實、晚上四升，彌猴聽到早上只有三升橡實，非常生氣、大吼抗議！

虎大歪：狙公看猴子發怒了，立刻改成早上發四升橡實、晚上三升，生氣的猴子，聽到早上的數量變多，開心接受。

狗小圓：從「朝三暮四」變成「朝四暮三」，數量根本沒變，猴子卻歡天喜地的接受了。你說，狙公是不是很詐？

虎大歪：這不算詐騙，是共體時艱。世間有太多不得已的事，我們都得跟「三不猴」學習。

狗小圓：我們能跟「散步的猴子」學什麼？

虎大歪：三不猴是指三隻猴子，分別用雙手遮住嘴巴、耳朵和眼睛，象徵「非禮勿言，非禮勿聽，非禮勿視」。

狗小圓：三不猴的喻意，和「囝仔人，有耳無嘴」有點像。不要打探別人的祕密，聽到閒話別亂傳，大人講話別插嘴。

虎大歪：別整天想著吃，要努力讀書做事。賽夏族傳說，懶惰的人會變成猴子，你要當心！

狗小圓：我才不怕。「山上無老虎，猴子稱大王」，我早就想到花果山當大王，也想嚐嚐王母娘娘的蟠桃。

虎大歪：如果你被壓在五指山下，我會帶獼猴桃和香蕉去探望你，你想要朝三暮四，或是朝四暮三，都可以哦！

虎大歪、狗小圓，下臺一鞠躬。

十 金雞報喜 大吉利

虎大歪、狗小圓，
說學逗唱，上臺一鞠躬！

虎大歪：今天我們講雞，雞是十二生肖中唯一的禽類，你知道古人用「腳」、「毛」來分辨動物的種類嗎？

狗小圓：古人竟然用腳毛來給動物分類，不知道是以腳毛的長短，還是多寡來區分？

虎大歪：腳和毛得分開來看！中國最早的辭典《爾雅》記載，「二

足而羽謂之禽，四足而毛謂之獸。」兩隻腳、有羽毛的動物，是禽類；四條腿、有毛的動物，是獸類。

狗小圓：我懂了，從「飛禽走獸」這個詞，就可以看出端倪。禽類有羽毛，展翅就能飛天，兩隻小腳丫就夠用了；獸類行走於凶險的江湖，四條腿才跑得快。雞只有兩隻腳，是十二生肖的異類；沒毛也沒腳的蛇，更是「禽獸」不如啊！

虎大歪：蛇是爬蟲類，和龍是遠親，又稱「小龍」，禽獸不如是罵人的話，你別亂說。雞是十二生肖中，獨一無二的禽類，和狗的感情特別好。

狗小圓：如果雞和狗感情好，怎麼會有「雞犬不寧」和「雞飛狗跳」的說法呢？

虎大歪：《三字經》中的「犬守夜，雞司晨」，把雞和狗的分工講得很清楚。狗負責看門守夜，雞啼聲是清晨的鬧鈴。如果

有壞蛋靠近，嚇得雞犬不安寧，雞飛狗跳才能吵醒主人，嚇跑壞人。

狗小圓：古有明訓：想偷雞，得先討好狗！除了要準備好吃的討好狗，還得逗得狗狗心花朵朵開。

虎大歪：你想吃「好料」就直說，瞎扯什麼古有明訓！用好吃的塞住嘴巴，讓狗不叫還可以理解，為什麼還要逗狗狗開心？

狗小圓：你沒聽說過「偷雞摸狗」嗎？如果沒有摸摸狗、逗狗開心，當心偷雞不著蝕把米！

虎大歪：我只知道，不論是「偷雞摸狗」，還是「鼠竊狗盜」，都比喻做事偷偷摸摸、做人不老實。

狗小圓：哼！你肯定不知道，孟嘗君曾經受困秦國，多虧兩位「雞鳴狗盜」的食客，一個學狗叫潛入宮中，偷毛皮大衣買通秦王的寵妃，另一個學雞叫，讓函谷關守衛提早開門，救了孟嘗君一命。

爾雅
佛
三字經

虎大歪：雞鳴狗盜是常識，大家都知道。《西遊記》有雞啼救人的故事。扮成美女的蠍子精，把唐三藏綁回洞中，逼迫唐三藏跟她成親。孫悟空和豬八戒聯手，還是敗給蠍子精。

狗小圓：唐三藏肯定長得「秀色可餐」，女妖怪不是想吃掉他，就是想嫁給他。蠍子精尾巴上的「倒馬毒樁」超可怕，孫悟空和豬八戒都被扎得哇哇叫。

虎大歪：幸好觀音菩薩指點孫悟空上天宮，跟昴(ㄇㄠˇ)日星官求救。昴日星官是二十八星宿之一，神職是「司晨啼曉」，他的本相是六七尺高的大公雞，對著蠍子精啼叫兩聲，蠍子精馬上現出原形，渾身酥軟，死在山坡下。

狗小圓：恐怖電影中的殭屍或厲鬼，一聽到公雞叫，馬上停止進攻，消失得無影無蹤，沒想到這招對蠍子精也管用。

虎大歪：十二生肖對應十二地支，雞對到酉，「酉雞」的諧音是「有吉」，古人相信雞能夠驅惡辟邪，還把雞的圖像貼在門上當門神。

狗小圓：門神不是神荼和鬱壘嗎？他們倆在大桃樹下守衛，捉到鬼，就綁起來餵老虎。由此可見，老虎比鬼更可怕，虎大歪比老虎還要凶狠。

虎大歪：你真是旗杆上綁雞毛，好大的撣（膽）子，竟敢誣衊我！

狗小圓：好說好說，我這是誇你，別誤會啦！

虎大歪：門神傳說還有另一個版本，主角是「天雞」，如果你想聽，得先跟我道歉。

狗小圓：大歪大歪別生氣，明天請你吃烤雞，火雞肉飯配三杯雞，再喝碗雞湯消消氣。

虎大歪：看在美食的份上，我就原諒你這一回。桃都山上有棵大桃樹，樹上有天雞看守，天雞一看到日出就會啼叫，鬼怪一聽到雞啼，紛紛躲回鬼窩。

狗小圓：鬼怪聽到雞啼就躲回鬼窩，其實是擔心「見光

死」，殭屍、厲鬼和吸血鬼，都怕陽光，晚上才敢出來囂張。

虎大歪：古人很早就在門上貼門神，借助門神的能力把鬼怪擋在門外。門神除了有神荼、鬱壘、鍾馗、秦叔寶和尉遲恭，還有人貼老虎或是天雞的圖像，來嚇阻鬼怪。穀雨節氣裡大家都會貼「穀雨貼」討個吉利，穀雨貼上更是少不了大公雞。

狗小圓：穀雨貼上頭兩隻大公雞，嘴巴咬著蠍子，兩個孩童騎在雞背上，好神氣。「雞王鎮宅」的圖畫上，五顏六色的大公雞漂亮又帥氣，威風程度直逼昴日星官。

虎大歪：雞又名「知時畜」或「長鳴都尉」，都尉可是官職，當然威風。漢朝的大官韓嬰曾經說過，雞有五德，文武勇仁信，小圓覺得自己有幾德？

狗小圓：雞有五德？你是說雞腿、雞翅、雞爪、雞胗和雞屁股嗎？

桃都山

虎大歪：公雞頭上有雞冠，「冠」與「官」同音，有升官發達的意思，屬於「文德」；雞爪後面突出的「距」，是公雞打鬥時的利器，算是「武德」。你知道雞距是什麼嗎？

狗小圓：我最愛啃雞腳，當然知道，雞距是公雞腳上的倒刺。有一種毛筆外形短胖，筆尖銳利，就叫「雞距筆」，是唐朝文人的愛用筆。只要戴上帽子、穿上釘鞋，小圓我也算文武雙全！

虎大歪：哎呀，你沒聽說小孩「食雞腳，撕破冊」，甚至會「讀無冊」嗎？

狗小圓：這是大人擔心小孩被雞骨頭噎到，編出來嚇人的話，我才不怕。雞的另外三德是什麼？

虎大歪：遇到危險時，公雞勇敢迎敵、母雞保護小雞，具備「勇德」；看見食物呼朋引伴不藏私，是「仁德」；天亮準時報曉，守時又守信，有「信德」。

狗小圓：我貪睡沒辦法早起；美食經常藏起來偷偷吃；誰敢跟我搶好料，我馬上變鬥雞，正面迎敵不落跑。這三德，我只具備勇德。

虎大歪：要當鬥雞，就要當最厲害的「木雞」。《莊子》寫到，要花四十天才能把一隻善戰的鬥雞，訓練成最厲害的木雞。成語「木雞養到」便是指功夫到家。

狗小圓：我只聽過「呆若木雞」，愚笨或受到驚嚇而發呆的木雞，厲害的地方在哪裡？

虎大歪：《莊子》講的「木雞」是指遇到危險或挑釁，不驚不懼，紋風不動，不必出招，敵「雞」就聞風而逃。可惜大多數人，只知道愚笨的「呆若木雞」。

狗小圓：雞這麼厲害，既是吉祥物，又在天宮當值星官，為什麼古人不說落湯鴨、落湯鵝，偏用「落湯雞」比喻狼狽不堪的樣子？

虎大歪：鴨和鵝腳有蹼，會游泳，羽毛上有一層防水的油脂，從河裡上岸抖抖身子就乾了。雞不會游泳，羽毛淋溼後又黏又塌，跟「落水狗」一樣狼狽。

狗小圓：說你比鬼凶狠，我已經道歉了，你還說狗的壞話，真是鼠肚雞腸。

虎大歪：小圓別生氣，我們來玩「棒打老虎雞吃蟲」，五戰三勝，輸了就幫對方「馬殺雞」！

狗小圓：我不是馬，也不敢殺雞，不想玩。

虎大歪：按摩的英文「massage」，中文音譯成馬殺雞，你真是呆若木雞呀！

虎大歪、狗小圓，下臺一鞠躬。

十一 旺旺招財狗來富

虎大歪、狗小圓，

說學逗唱，上臺一鞠躬！

狗小圓：等呀等、盼呀盼，終於輪到帥氣的狗兒登場啦！

虎大歪：狗是人類的好朋友，對人類的貢獻很大，卻在十二生肖排行十一，倒數第二，我真是替狗抱不平。

狗小圓：哎喲，你今天是吃了糖，還是哪根神經不正常？竟然替狗打抱不平！突然變得這麼狗腿，是不是有求於我？

虎大歪：我今天沒吃糖，每根神經都很正常，對你也別無所求。我問你，貢獻的「獻」是什麼部首？

狗小圓：是「犬」部！嘿！狗的老祖宗有什麼偉大的貢獻，讓古人把這個字獻給狗？

虎大歪：來看看《說文解字》對於「獻」的記載：祭祀用的宗廟犬稱做「羹獻」，人們拿吃剩的殘羹來餵狗，等到狗變肥，再獻祭給神靈或祖先。

狗小圓：什麼！換我為狗抱不平啦！如果比身材大小，狗不如豬和牛，論美味也輸給羊，再怎麼樣都不該把狗變成祭品。

虎大歪：不瞞你說，商周時代，古人按照功能把狗分為三大類：看門守戶的「吠犬」、田間打獵的「田犬」、料理食用的「食犬」。

狗小圓：狗是人類的好幫手，除了看門和狩獵，還有許多本領。沒想到除了被當做祭品，還會被料理食用！狗狗心裡苦，滿腹委屈說不出，難怪「哭」字的下面有一條犬，連我都難受想哭。

虎大歪：有人說，哭字下面的「犬」不是犬，是一個人在掉淚，那一點是淚水。你別難過了，後來人們改用稻草紮成「芻(ㄔㄨˊ)狗」，取代活狗成為祭品。

狗小圓：用稻草狗當成祭品，這個方法很好，我喜歡！

虎大歪：人們在祭祀之前，很敬重芻狗，裝在竹筐裡，碰都不敢碰，祭祀完就丟棄在一旁，任其風吹雨打。芻狗被引喻為無所謂的東西。

狗小圓：狗怎麼會是無所謂的東西！導盲犬幫盲人引路，雪橇犬在雪地載人運貨，緝毒犬捉走私，警犬追壞蛋，搜救犬救人，牧羊犬牧羊……其他生肖全部加起來，用處都不如一條狗。

虎大歪：你說了那麼多，說的都是「犬」，犬和狗是有差別的，你知道嗎？

狗小圓：常聽人家說，「騙人的是小狗」，狗的智商高，賣萌裝可愛、搖搖尾巴就把人類騙得團團轉，當寵物狗不用工作，吃得飽又穿得好。犬比較笨，長得也不可愛，努力工作才有飯吃。

虎大歪：和狗字沾上邊的，常常是罵人的詞，像是狗腿、狗東西、狗眼看人低、狗仗人勢。盡忠職守，為人類效犬馬之勞的「犬」比較受人敬重。

狗小圓：我瞎掰的鬼話你也當真！《爾雅．釋畜》記載：「未成豪，狗。」還沒長出硬毛的犬稱做狗，狗長大就變成犬。也有人說，犬有二十根腳趾頭，狗只有十八根。

虎大歪：狗只有四條腿，十八根腳趾頭要怎麼分配？

狗小圓：狗的前腳有五趾，不過隨著時間演化，大拇哥退化成懸空、沒有用處的「狼趾」，後腳的「狼趾」則是完全消失，只剩四趾。只有少數犬類後腳仍然有「狼趾」，前後腳都是五趾。

虎大歪：沒想到狗腿的學問這麼大！小圓真是「狗腿達人」。我還有個疑問，為什麼狗退化的腳趾頭叫做「狼」趾？

狗小圓：因為狗的祖先是狼呀！不過，凶狠的狼究竟是如何演化成對人類搖尾巴撒嬌的狗，至今仍是個謎。

虎大歪：不是所有的狗都會搖尾巴撒嬌，狼犬、獒犬、比特犬，還有曾經和牛搏鬥打擂臺的英國鬥牛犬，凶狠程度不會輸給狼。

狗小圓：我只知道古人會鬥牛、鬥雞、賽馬和賽狗，不知道鬥牛犬那麼威，可以和牛對打！

虎大歪：鬥牛犬又稱「老虎狗」，極具攻擊性。二戰時的英國首相邱吉爾被比喻成鬥牛犬，因為他不服輸、韌性強，領導英國人打敗希特勒。不過，在英國制定法律禁止鬥狗之後，鬥牛犬漸漸被培育成性情溫和的狗。

狗小圓：禁得好！十二生肖有四種動物被拿來競技，無論是鬥牛、鬥雞、賽馬還是賽狗，只要有比賽，就有賭博，也會對動物造成傷害。

虎大歪：「聲色犬馬」是舊時有錢有權的高端人士熱衷的娛樂。飼養名貴的犬、馬能彰顯主人的身分地位，乾隆皇帝擁有許多駿馬，還養了十隻體態優美的高貴名犬。

狗小圓：我在故宮看過《十駿犬圖》，宮廷畫家郎世寧把乾隆的愛犬畫得栩栩如生。「十犬」諧音「十全」，乾隆皇帝喜歡狗，晚年還自稱是「十全老人」。

虎大歪：漢朝的大辭賦家司馬相如，小名叫「犬子」，成為響叮噹的人物後，才改名為「相如」。因為他很有才華，人們紛紛稱自家兒子為「犬子」或「小犬」。

狗小圓：原來第一個「犬子」是司馬相如！他的父母怎麼給他取名為犬子？

虎大歪：以前生活條件不好，很多孩子沒辦法平安長大，用低賤的字詞為小孩命名，免得鬼魅妖怪看上自家的小孩。

狗小圓：要是我以後成為響叮噹的大人物，可能會有很多人把小孩命名為小圓，我得改個文青一點的名字。

虎大歪：雞有五德——文武勇仁信；狗有八德——忠義勇猛、勤善美勞，更勝雞一籌。你可以改名為「八德」或是「勝雞」。

狗小圓：不不不，無論是八德還是勝雞，都沒有小圓好聽。狗有這麼多優良的德性，為什麼用狗當做形容詞來罵人？

虎大歪：忠、勇是狗的優點，也是缺點。「跖（ㄓˊ）狗吠堯」就是最好的例子。盜跖是出名的大壞蛋，他養的狗竟然對著堯狂吠。有些人認為狗不辨是非、盲目護主，是愚忠。

狗小圓：這些人真是「蜀犬吠日」注，沒見識！主人照顧狗，狗照顧主人，天經地義、有情有義。狗習慣獨來獨往，一旦有陌生的人或狗闖入地盤，當然要吠。

虎大歪：你說的對！狗的領地意識很強，一間狗屋通常只容得下一隻狗。難怪人們常用「單身狗」，來形容沒有男女朋友的人。

狗小圓：沒錯，你就是標準的單身狗。

虎大歪：你真是「狗嘴吐不出象牙」！可惜幫忙轉烤肉叉的轉叉犬已經失傳，我覺得這份工作挺適合你。

狗小圓：哇！我最喜歡烤肉，轉烤肉叉是很輕鬆的差事，如果可以

注：蜀犬吠日：四川在秦朝時代，隸屬巴、蜀二郡，簡稱「蜀」。四川多雲霧，偶爾太陽破雲而出，不常見到太陽的蜀犬，因為受到驚嚇而向太陽狂吠。

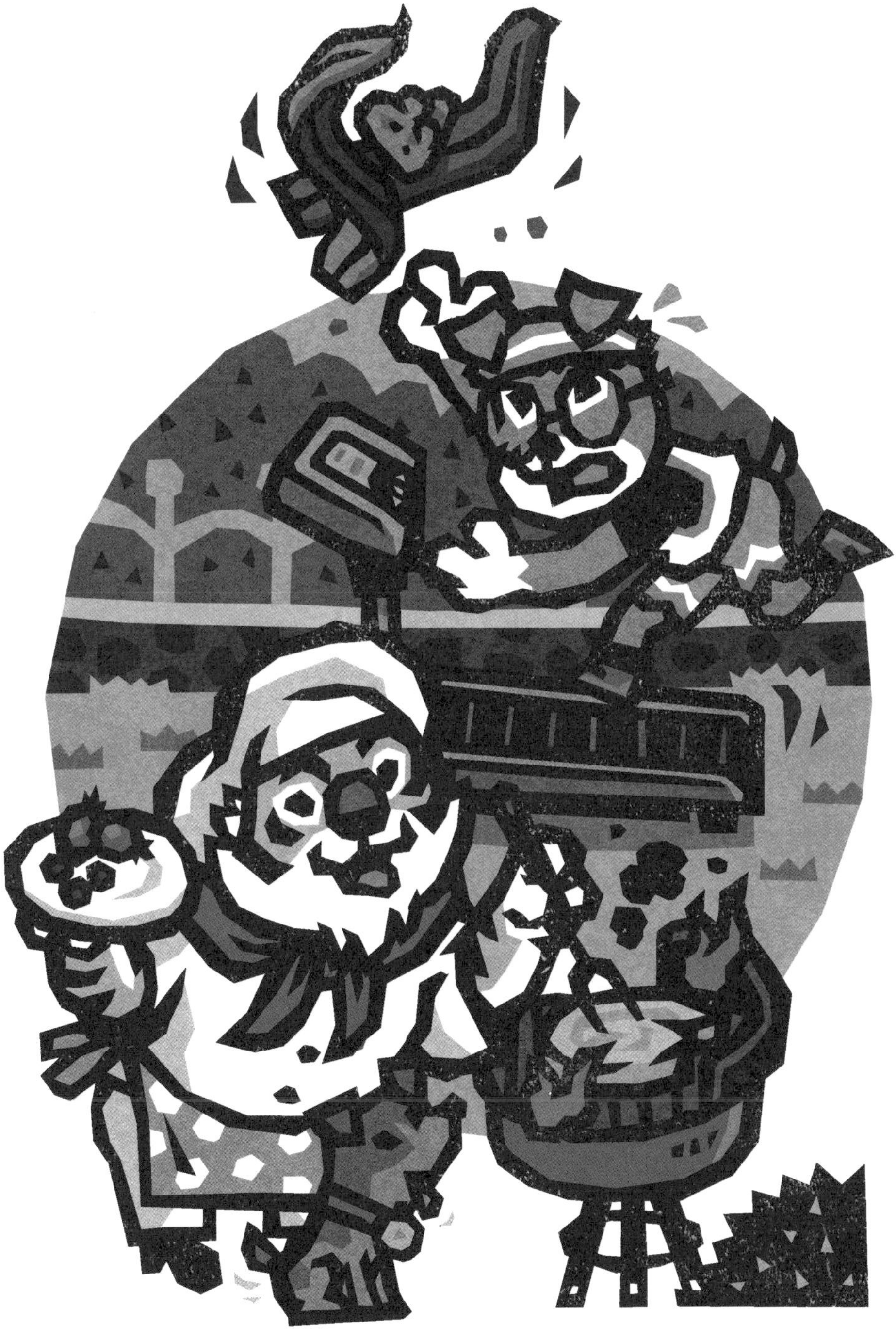

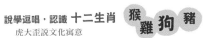

邊烤邊吃，我一定去應徵。

虎大歪：轉叉犬得在輪狀圓盤中不斷奔跑，讓肉叉轉動，免得肉烤焦。要當轉叉犬，腿要短，太胖也不行，你的腿短，減肥就可以應徵。

狗小圓：說我腿短，哼！校外教學的時候，我們到十八王公參觀忠犬王公，買了肉粽要和你分享，你現在只能看我獨享啦！

虎大歪、狗小圓，下臺一鞠躬。

十二 豬事大吉 全家福

虎大歪、狗小圓，
說學逗唱，上臺一鞠躬！

虎大歪：今天我們要談論你的好朋友——豬。豬在十二生肖排名倒數第一，狗名列倒數第二。好朋友殿底在一起，真是有情有義。

狗小圓：你別半路幫我認朋友，豬什麼時候成了我的好朋友？我怎麼不知道。

虎大歪：「豬朋狗友」感情好、「狐朋狗黨」情誼深，這是人盡皆知的事實。本來想勸你交友要謹慎，別老跟這些朋友鬼混，後來又擔心是我搞烏龍。

狗小圓：都怪古人亂湊對，才會害你誤會，狗和豬只是鄰居，跟狐狸勉強算遠親，不是朋友。

虎大歪：不管是遠親還是近鄰，都是廣義上的朋友。我擔心是你帶壞這些朋友，不是他們帶壞你，誤會他們可就糟糕了。

狗小圓：哼！如果豬是我的好朋友，我一定要跟他討教「扮豬吃老虎」的本領，狠狠咬老虎一口。

虎大歪：所謂「扮豬吃老虎」是指聰明厲害的狠角色故意裝笨，讓對手輕敵，再趁機贏得勝利。你是天然呆，不用扮就蠢得像頭豬，竟敢肖想咬老虎！

狗小圓：誰說豬又蠢又笨？豬和狗都很聰明，不但有學習能力，還有長期記憶力，能夠挑戰走迷宮。豬心瓣膜甚至可以做成人工心臟瓣膜，你別瞧不起豬！

虎大歪：如果豬這麼聰明，為什麼常聽人家說「不怕神一般的對手，最怕豬一樣的隊友」，用「豬隊友」來形容扯後腿的朋友？

狗小圓：這肯定是因為豬的食量大，吃得多、拉得更多，豬屎臭呼呼，所以惹人嫌。小豬仔出生時只有一兩公斤，六個月就可以長到一百一十公斤，成長速度驚人！

虎大歪：母豬的生產能力才驚人，八個月大就能懷孕，孕期只要三個月三週又三天，一胎平均生十隻。雲林有頭母豬一口氣生了三十二頭小豬，媒體爭相報導。

狗小圓：哇！這麼算起來，豬滿周歲就成為新手爸媽，兩歲就升格為阿公、阿嬤，如果每一胎都生十隻，內孫和外孫合起來剛好一百隻，好驚人！

虎大歪：豬能吃、會生、長得快，被當做食物也不奇怪。「家」的寶蓋頭是屋頂，下面的「豕」是豬的古字，以前家家戶戶都養豬，無豕不成家。

狗小圓：如果你聽過「曾子殺彘」這個成語，就知道豬的別稱除了豕，還有「彘」。每天自我反省三次的曾子，也是養豬達人。

虎大歪：曾子的「吾日三省吾身」是指從三個面向反省自己，包括替人謀事有沒有盡心？對待朋友有沒有守信？老師教的有沒有認真聽？你讀書要用心，不能像豬八戒吃人參果一樣，囫圇吞棗、不求甚解。

狗小圓：我沒說錯，三個面向各反省一次，剛好三次。曾子的老師肯定很會殺豬，曾子也有認真學習，連我都知道曾子殺彘本領高。

虎大歪：曾子的老師是孔子。以前人想吃什麼就養什麼，養豬的人還不少。曾子的兒子吵著要跟媽媽上市場，媽媽哄他說，如果他乖乖待在家，回來就殺一頭豬。

狗小圓：哇！曾子的妻子真是豪氣大方，換做是我也會選擇乖乖待在家，等著吃豬肉大餐。

虎大歪：她只是隨口說說，沒想到曾子堅持殺豬。曾子告訴妻子，父母言而有信，才能當孩子的榜樣，如果大人說話不算話，小孩也會有樣學樣。

狗小圓：曾子殺豬教子，美名傳千古，如果是我爸要殺豬給我吃，我媽肯定說是他自己貪吃。曾子說得對，大人說話要算話，對小孩空口說白話，當心食言而肥。

虎大歪：你講到食言而肥時，幹嘛擠眉弄眼，用奇怪的眼神盯著我看？

狗小圓：你之前承諾過，只要我成績進步，就要招待我去吃有名的

豚骨拉麵。我的數學成績進步了百分之兩百，一直在等你實現諾言。

虎大歪：你從十分進步到三十分，還好意思要我請客！「豚」也是豬的別稱，豚骨拉麵只是用豬骨熬湯煮拉麵，對你幫助不大，你得多吃豬腦，看能不能補腦。

狗小圓：那是古人以形補形的錯誤觀念，豬腦吃太多，不會讓智力變高，只會讓膽固醇升高。你先是說話不算話，現在還請豬八戒上陣，倒打我一鈀，真是過分。

虎大歪：你和豬是好朋友，不代表我和豬八戒有關係！

狗小圓：豬八戒的武器是九齒釘鈀，招牌戰術是倒打一鈀，你不承認自己的過失，反倒要我多吃豬腦，暗示我笨，這種行為和豬八戒沒什麼兩樣。

虎大歪：我好心提醒卻被你當做惡意調侃，真是「豬八戒照鏡子，裡外不是人」。你生日快到了，我煮碗豬腳麵線給你暖壽，再帶你去吃豚骨拉麵，跟你賠不是。

狗小圓：你得先跟我說清楚，為什麼生日要吃豬腳麵線？我再決定要不要接受你的道歉。

虎大歪：豬腳象徵強健，麵線又稱長壽麵，健康長壽是最好的祝福。聽說帶蹄的豬腳可以踢走噩運，考生吃煮到熟透軟爛的帶蹄豬腳，就能金榜題名，因為「熟蹄」諧音「熟題」，考卷上的題目都很熟，成績肯定好。

狗小圓：豬肉好吃好料理，蒸、煮、炒、炸、煎、烤、滷，樣樣都合適，愛吃豬血糕和豬尾巴的人也不少，豬腳的寓意又這麼好，為什麼穆斯林不吃豬肉？

虎大歪：穆斯林不吃豬肉的原因是《古蘭經》明文禁止。有一種說法是，豬的寄生蟲多，如果豬肉沒煮熟，吃了容易生病。

狗小圓：前陣子看見新聞報導「豬流感」，我才知道豬也會得流感。豬感冒會傳染給人嗎？

虎大歪：會。不過你別擔心，以前人說，沒吃過豬肉，也看過豬走路；現代人豬肉吃不少，看過豬走路的人很少。只要勤洗手、確保肉有煮熟就好。

狗小圓：如果只是擔心寄生蟲，把肉煮熟就好，一定還有其他更重大的原因，導致人們不吃豬肉。

虎大歪：豬又髒又臭，被視為不潔之物，古埃及甚至禁止養豬的人進入廟宇。中東地區水資源很珍貴，養豬會汙染水源。

狗小圓：豬沒有汗腺，洗泥巴澡是為了降低體溫，豬舍又小又擠，要常清洗。如果豬又髒又臭，要怪養豬的人，不能怪豬。

虎大歪：沒錯！豬一身都是寶，曾經是財富的象徵，唐朝有人養豬致富，把豬稱做「烏金」，古人還有「養子不讀書，不如養頭豬」的說法。

狗小圓：我養了十隻小豬——撲滿。媽媽說，如果每隻小豬都裝滿，就要帶我搭飛機出國去玩耍。

虎大歪：一想到你要搭飛機，就讓我聯想到豬八戒坐飛機。

狗小圓：大歪愛說笑，豬八戒怎麼可能搭飛機？

虎大歪：這是歇後語，意思是醜上了天！

狗小圓：哎呀！你這個豬八戒又倒打我一耙（ㄆㄚˊ）！

虎大歪、狗小圓，下臺一鞠躬。

文化小補充

十二生肖「一加子」

不是生肖，接力搞笑

品讀生肖詩詞

生肖成語、諺語和歇後語

十二生肖「一加子」

虎大歪、狗小圓，

說學逗唱，上臺一鞠躬！

狗小圓：十二生肖從鼠開始，以豬收尾，一輪全都講完了，我們好厲害！正計畫來個金門風雞之旅，你急急忙忙拉我上臺做什麼啦？

虎大歪：十二生肖講完了，還有十二生肖的孩子。而且，你要去金門吃風雞，卻沒找我，真是不夠意思！

狗小圓：小金門的「風雞」和風獅爺一樣，都是趨吉避凶的辟邪物，和你這個貪吃鬼想吃的風乾大公雞不一樣。而且，十二生肖哪來的孩子？

虎大歪：哎呀，原來金門的風雞只能看、不能吃，太可惜了。十二生肖「一加子」，就成了十二生肖的孩子。

狗小圓：如果十二生肖是「一家子」，除了會飛的龍，其他生肖都會被老虎吃光光，最後只剩兩個生肖。

虎大歪：你這個狗崽子，就愛誣蔑我。我說十二生肖「一加子」，指的是在生肖的後面加個「子」字，就拿狗來說，狗加了子就變成「狗子」，意思是醜孩子。

狗小圓：我從小就帥氣又迷人，沒人叫我狗子，也不知道狗子是醜孩子。聽說古人把尿壺稱做「虎子」，我沒嫌虎子臭，你反倒說狗子醜，哼！

虎大歪：你真是哪壺不開提哪壺，虎子還有老虎之子和強健男子兩個意思。而且，在「不入虎穴，焉

得虎子」這句諺語裡，虎子象徵勝利與成功。

狗小圓：你少臭美了！我只知道貪吃菜餚的人是「菜虎子」，什麼事都做不好的稱「生虎子」，老是貪睡賴床的叫「睡虎子」。你是集三種虎子於一身的「生菜睡虎子」，哈哈哈。

虎大歪：我喜歡吃生菜，也很享受睡眠時光，當個「生菜睡虎子」也不壞。如果你知道「狗子夾尾巴」比喻成事不足、敗事有餘的人，就不會笑得那麼大聲。

狗小圓：古人尊稱那些學問好、道德高的人，就在他們的姓氏後面加個「子」，像是孔子、孟子、老子、莊子……怎麼輪到虎子和狗子就變了調？真是奇怪。

虎大歪：可能是因為虎和狗只是我們的生肖，不是姓。這樣好了，你叫我「歪子」，我喊你「圓子」。

狗小圓：還是大歪、小圓好，好聽、順耳又可愛。十二生肖一加子，虎子和狗子都有不雅的含義，不知道其他生肖的孩

子，有沒有比較正面的含義？

虎大歪：「鼠子」有小人的意思，是罵人的話。老鼠老是偷吃糧食、耗損食物，又被稱做「耗子」。「狗拿耗子」比喻多管閒事；「瞎貓碰到死耗子」代表運氣好。

狗小圓：不管是鼠子還是耗子，都是惹人嫌的鼠輩。我一看到老鼠就會驚聲尖叫、連跑帶跳，怎麼可能拿耗子？牛刻苦耐勞又只吃草，牛子的名聲有沒有比較好？

虎大歪：「牛子」有三種，第一種是牛蒡的果實，牛蒡別稱東洋參，是食物也是中藥；第二種是罵人的話，有「鄉巴佬」的意思；第三種和小雞雞一樣，都是指男性的生殖器官。

狗小圓：鼠子是小人，牛子是鄉巴佬，虎子是尿壺，咱倆還是收工下台吧，再說下去肯定要得罪人了。

虎大歪：兔和猴這兩個本來就有子的生肖，中間再加個「崽（ㄗㄞˇ）」，就變成兔崽子和猴崽子，意思和狗崽子差不多，都是指像你

這樣調皮搗蛋的孩子。

狗小圓：你現在不只得罪我，還冒犯了屬兔和屬猴的人！

虎大歪：哎呀，小圓你別氣，我不是故意要惹你生氣。小孩本來就像小動物一樣，一刻都靜不下來，如果你不喜歡「調皮搗蛋」這個詞，我可以改成「活潑好動」。

狗小圓：我是「靜如處子，動如脫兔」，動靜皆宜。到目前為止，沒有一個生肖的孩子像樣，龍子總該和大家不一樣吧？

虎大歪：「龍子」有很多種解釋，一是指龍之子，二是帝王的後代，三是蜥蜴，四是良馬的名字，五是古賢人的名字，最後，也是人數最多的，是指龍年生的孩子。

狗小圓：哇！龍子的分身好多，大家都攀龍附鳳想當龍子，難怪龍年的出生率特別高。蜥蜴的別名除了龍子，還有四腳蛇。我覺得，龍子比四腳蛇好聽太多啦！蛇的形象好嚇人，蛇子肯定少很多。

虎大歪：國語辭典找不到「蛇子」這個詞，不過唐朝李賀在〈五粒小松歌〉這首詩裡有寫到「蛇子蛇孫鱗蜿蜿」。

狗小圓：天啊，不只蛇子，連蛇孫都出來了，真是嚇死寶寶了！

虎大歪：膽小圓，別害怕。李賀是用蛇子蛇孫來比喻那些盤曲似小蛇的松枝，不是真的蛇。

狗小圓：蛇子蛇孫不是蛇的子孫，只是樹枝；「馬子」也不是馬的孩子，是指女朋友。

虎大歪：賭博時，用來計算錢數的籌碼也稱做「馬子」。小圓，偷偷告訴你，千萬別用馬子來稱呼自己的女朋友，很不雅。

狗小圓：我知道！唐太宗的爺爺名叫李虎，為了避諱才把「虎子」改成「馬子」。「虎子」和「馬子」都是古人的便器，也就是現在的馬桶。

虎大歪：沒錯，如果知道這個典故，就不會把女朋友說成馬子了。

狗小圓：爸爸對外稱媽媽為「內子」，媽媽跟別人說爸爸是「外子」，我是他們的「犬子」。我們這一家三口子都很文雅吧！說完馬子，該輪到羊子上場了。

虎大歪：「羊子」既是初生的羊，也是米蟲。「豬子」在客語中是指小豬，「猴子」還是猴子，「狗子」是醜孩子。以前人相信取個俗氣的醜名字，孩子會比較好養活。

狗小圓：狗子、牛子滿街跑，就是沒有馬子和虎子。畢竟，沒有人希望自家孩子一出生就背了個臭名，哈哈哈。歪子，最後講一下「雞子」吧！

虎大歪：「雞子」有兩種意思，一是指小雞，二是指雞蛋。虎子有很多種解釋，你偏偏只提臭馬桶，哼！

狗小圓：大歪別生氣，你是身體強健的「生菜睡虎子」，小圓不敢造次。我想問你一件事，為什麼老鼠和老虎的前面有「老」字，兔子與猴子在後面被加了個「子」？

虎大歪：這個簡單，老鼠的生命力旺盛，老虎是森林之王，都是厲害的狠角色，跟老師和老闆一樣，加個老字以示尊敬。至於那些個只會賣萌裝可愛的，就在後面就加個子。

狗小圓：我倒覺得，小時候可愛，長大也無害的，就在後面添個子；小時候可愛，長大變可怕的，就在前面加個老。獅子是唯一的例外，因為老「師」更加可怕！

虎大歪：我的生肖屬老虎，還是二十年經驗的資深老師，你的邏輯有問題，講話狗屁不通，待會兒留下來，我幫你加強一下說話的藝術。

狗小圓：媽呀！大歪是當過老師的老虎！快逃！

虎大歪、狗小圓，下臺一鞠躬。

不是生肖，接力搞笑

虎大歪、狗小圓，
說學逗唱，上臺一鞠躬！

虎大歪：「見山是山，見山不是山，見山還是山」，這是人生的三大境界。

狗小圓：「見美食吃美食，不見美食想吃美食，吃完美食還想美食」，這是吃貨的人生三大境界。

虎大歪：為了講「不是生肖」，特別準備了這段開場白，我很認真，你卻跟我開玩笑。

狗小圓：我對美食的愛也很認真。生肖就是生肖，哪有「不是生肖」？真是愛說笑。

虎大歪：昨天你去吃蚵仔麵線，沒帶傘卻碰到「下貓下狗」的壞天氣，被大雨淋成「落湯雞」，又遇到「脾氣很牛」的老闆，香菜賣完就打烊。剛剛講的這些，全都不是生肖。

狗小圓：原來如此。常聽人說你是「母老虎」，其實膽子和「壁虎」差不多。一碰到「秋老虎」就變成「爬牆虎」，只是虛有其表的「紙老虎」。這些「虎」，都不是真的老虎。

虎大歪：我用「下貓下狗」形容大雨，你以「秋老虎」比喻天氣，還算不錯。不過，爬牆虎是植物，和落湯雞不搭。而且，我不是母老虎，也不是紙老虎。

狗小圓：你先拿我的慘痛經驗舉例，我才反擊。咱們還是言歸正傳，從「不是鼠」開始講吧！

虎大歪：「山老鼠」是指在山上盜伐林木的賊；「仙鼠」不是成仙的老鼠，是蝙蝠的別名；「袋鼠」是一種有袋類動物。

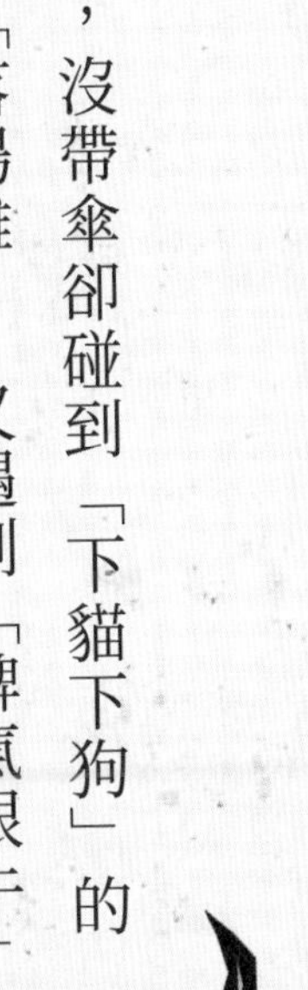

狗小圓：還有整天滑來滑去、都不會滑倒的「滑鼠」。哪些「牛」不是真的牛？

虎大歪：有兩支觸角的「蝸牛」，整天背著房子跑；「無殼蝸牛」比喻買不起房子的人；「天牛」是昆蟲，最愛啃木頭；「海牛」俗稱美人魚。

狗小圓：我只知道誇口說大話叫「吹牛」。奇怪，為什麼要說「吹牛」，而不說「吹豬」或「吹羊」呢？

虎大歪：以前住在黃河上游的居民，用牛皮或羊皮做成皮筏小舟渡河。獸皮晒乾後縫成袋狀，吹飽氣再封口。牛皮袋又大又韌，幾個人接力才吹得起來，如果有人說，他自己就能吹起牛皮，肯定是說大話。

狗小圓：不是我吹牛，我可以用打氣筒，把牛皮吹得又圓又鼓！

虎大歪：古人就是沒有打氣筒，才要用嘴巴吹氣。你做事粗率又急躁，跟「毛兔子」沒什麼兩樣，哈哈！

虎大歪說文化寓意
狗小圓談生肖美食

狗小圓：你這一笑，讓我想到笑裡藏刀的「笑面虎」。咱倆還沒講「不是虎」，怎能直接跳到「不是兔」，別想打「馬虎」！

虎大歪：你才說了一堆「不是虎」來酸我，又誣衊我是「笑面虎」，企圖「打馬虎」，這樣還不夠嗎？

狗小圓：我這是「照貓畫虎」，你將我一軍，我當然得扳回一城。都怪老虎名聲太差，連帶拖累了「不是虎」的虎。

虎大歪：「文虎」是燈謎的別名；本人書法寫得好，叫我「筆虎」；也擅長詩文創作，叫我「繡虎」；作品的辭藻綺麗，大家說我「繡虎雕龍」；我還是傑出人物，號稱「人中龍虎」。

狗小圓：哇，擅長詩文再加上辭藻綺麗，真是太厲害了！怪不得虎字旁邊加個口，就變成「唬」。不管是吹牛還是唬人，你都是人中龍虎。

虎大歪：經過你「狗屁倒灶」的解讀後，威風的老虎馬上消風。對於如何「長自己志氣，滅他人威風」，你是專家，我認輸。換你來講「不是兔」。

狗小圓：「海兔」是海中的軟體動物，喜歡吃海藻；「玄兔」是月亮的別稱；「飛兔」是古代駿馬的名字。

虎大歪：「地龍」和「土龍」都是指蚯蚓；「石龍」是蜥蜴；「沙龍」是法語「salon」的音譯，是客廳或文藝集會的專稱。

狗小圓：蜥蜴的別名「石龍」、「四腳蛇」，長得既像龍又像蛇，也像縮小版的鱷魚和恐龍，竟然有人拿來當寵物。

虎大歪：「寵」字由「宀」和「龍」組成，意思是龍的居所。把石龍養在家裡當寵物，剛好符合「寵」的原意。養蛇當寵物才真是勇氣驚人！

狗小圓：沒錯！就連「不是蛇」也很驚人。「人蛇」指偷渡者；「地頭蛇」指橫行於地方的壞蛋，或是熟悉地方事物的人，強龍不壓地頭蛇，不能得罪。

虎大歪：「春蚓秋蛇」比喻小圓書法拙劣，像蚯蚓和蛇

一樣彎曲；「筆走龍蛇」形容大歪書法十分優美熟練。

狗小圓：蛇和蚯蚓擺一起是拙劣，和龍湊一對變成優美。可見交友要謹慎，好的朋友可以提升你的層次，知道嗎？

虎大歪：我一直努力提升你的層次，免得你成為「害群之馬」。只要你做錯事，我會當「報馬」，跟你爸爸、媽媽通風報信。

狗小圓：你這記「回馬槍」太厲害了！我得努力讓自己變成才能傑出的「千里馬」，把你從打小報告的「報馬仔」，提升為知人善任的伯樂。

虎大歪：你騎「鐵馬」要小心，下雨天和入夜後不在外面「相羊」，該寫功課的時候也不「拿羊」，我就放你一馬。

狗小圓：君子一言，快馬一鞭！「相羊」和「拿羊」是什麼意思？

虎大歪：「相羊」是漫游和徘徊，「拿羊」就是裝佯，裝瘋賣傻。

狗小圓：直說就好，何必「弄鬼弔猴」耍花招，把我當猴兒耍，真是個狡滑的「調猴兒」。

虎大歪：你這個做事莽撞的「毛腳雞」，遇到事情就變成急躁慌張的「慌腳雞」，「鼠肚雞腸」度量小，竟然拐個彎，用「不是猴」來罵我！

狗小圓：別人「指雞罵狗」，你是「指狗罵雞」，管得比我爸爸、媽媽還多，真是多事的「雞婆」。

虎大歪：你呀，「狗咬呂洞賓」，不識好人心。如果一定要和雞扯上關係，我想當「鶤雞」，也就是鳳凰。

狗小圓：你明明就是「四眼田雞」！

虎大歪：你是愛吃「熱狗」的「哈巴狗」。

狗小圓：我是愛吃熱狗。「哈巴狗」因為個性溫馴，被拿來諷刺搖尾乞憐，諂媚奉承的小人，和我無關。你常跟我爸爸、媽媽告狀，行徑像「走狗」。

虎大歪：我可是受你父母之託。受人指示而奔走有功的人，叫做「功狗」。

狗小圓：「白雲蒼狗」世事變幻無常，「天落饅頭狗造化」，人生總是會有意外的收穫或奇蹟。你還是別插手管太多，咱們繼續講「不是豬」吧！

虎大歪：「一龍一豬」比喻人的好壞相差太大，就像你和我；「墨豬」形容書法字體肥腫無力；「泥豬瓦狗」是指泥塑的豬，土捏的狗，意思是沒有用的東西，或是粗鄙的人。

狗小圓：「海豬」是海豚，刈包又稱「虎咬豬」，這兩種不是豬的「豬」，一種可愛，一種好吃。

虎大歪：我最愛吃刈包，把半圓形的白胖包子割開，形狀就像老虎的嘴巴，夾滿豬肉、酸菜和花生粉。哎唷，你咬我幹嘛？

狗小圓：我肚子餓想吃刈包，狗急跳牆，虎咬豬就變成狗咬虎啦！

虎大歪、狗小圓，下臺一鞠躬。

品讀生肖詩詞

【十二生肖詩】

〈十二屬〉詩 〔南北朝〕沈炯

鼠跡生塵案，牛羊暮下來。
虎嘯坐空谷，兔月向窗開，
龍隰遠青翠，蛇柳近徘徊。
馬蘭方遠摘，羊負始春栽。
猴栗羞芳果，雞跖引清杯。
狗其懷物外，豬蠡窅悠哉。

語譯

〈十二屬〉

積滿灰塵的桌面，有老鼠爬過的足跡。白天在山上放牧的牛羊，到了傍晚才紛紛下山。雄壯威武的老虎，在山谷中豪邁咆哮。打開的窗戶，正對著月宮裡的玉兔。沿著水邊迤邐生長的龍隰草漫步。在蛇柳群聚的附近徘徊。喜歡吃馬蘭的人，在路邊隨走隨採。春天栽下的羊負，已經到了採摘的時候。猴櫟樹茂密的葉片下，藏有美味的果實。看到美味的雞腳料理，任誰都會想喝幾杯清澈

*龍隰：長在溼地的紅草。以對仗來看，蛇柳也是植物名稱。

*馬蘭和羊負：植物名。

*猴栗即猴櫟。

*雞跖：雞足踵，也就是雞腳。古人視為美味的食物。

*狗其或借為枸杞。

*豬蠡或作豬羸，是一種海螺。窅，深的意思。

（注解來源：《戲說十二生肖》，黃啓方 著）

美酒。長在野外的枸杞草，隨風搖曳。

豬蠡螺在深海中，悠哉游哉生活。

〈十二生肖〉詩 〔南宋〕朱熹

晝聞空簞齧飢鼠，曉駕羸牛耕廢圃。
時才虎圈聽豪誇，舊業兔園嗟莽鹵。
君看蟄龍臥三冬，頭角不與蛇爭雄。
毀車殺馬罷馳逐，烹羊酤酒聊從容。
手種猴桃垂架綠，養得鶤雞鳴角角。
客來犬吠催煮茶，不用東家買豬肉。

*兔園：（一）漢代梁孝王劉武所建，供遊賞、宴賓的園囿。（二）流行於民間的私塾讀本，亦泛指膚淺的書籍或學問。

*猴桃：獼猴桃。

*鶤雞：古書指像鶴的一種鳥。

*角角：雉鳴聲。〔唐〕韓愈〈此日足可惜贈張籍〉詩：「百里不逢人，角角雄雉鳴。」

〈十二生肖〉

三更半夜，聽見饑餓的老鼠啃咬著空空如也的簞瓢，一早起來就駕著敝車羸牛，耕種那幾圃廢園。剛剛才在獸圈聽養虎的人大放厥詞，就想起曾在豪華的園囿裡，賞玩風景的美好時光。為求自保，蒼龍寧願蟄伏整個冬天，收束頭角，不在小蛇前面露出真本事。毀棄車子、殺掉馬匹，從此不在官場求發展，跟三五好友烹煮羊肉、配著下酒，從容自在聊天談心。親手栽種的獼猴桃已經結實累累，院子裡養的雉雞，發出角角的可愛叫聲。有客人來訪，忠心的狗兒立刻出聲，督促我煮茶待客。來訪的都是熟悉的朋友，有啥吃啥，不必費心買豬肉待客。

〈十二生肖〉

鼴鼠的肚腹很小，即使趴在河邊拼命飲水，河水也不會被喝光；牛郎織女即使

〈十二生肖〉詩　〔明〕胡儼

鼴鼠飲河河不乾，牛女長年相見難。
赤手南山縛猛虎，月中取兔天漫漫。
驪龍有珠常不睡，畫蛇添足適為累。
老馬何曾有角生，羝羊觸藩徒忿嚏。
莫笑楚人冠沐猴，祝雞空自老林邱。
舞陽屠狗沛中市，平津放豕海東頭。

心心相戀，奈何天命難違，一年只能相見一面。赤手空拳在南山跟猛虎搏鬥，能有多大勝算呢？看見月中有兔子影像，想一親芳澤，無奈天河浩瀚，難以親近。驪龍為了守護頦下那顆寶珠，終夜不睡，懷著珍寶的人，常常被珍寶拖累。蛇沒有腳，只能用肚皮在地上爬行，如果為蛇添足，只有更加拖累蛇的行動。人生在世，很多心思意念都是一場空，就像老馬頭上不可能長出角來。公羊不認命，用堅硬的羊角衝撞籬笆，卻被籬笆纏住，前進後退不得，憤恨不已。可別取笑楚國的項羽像穿著人類衣冠的獼猴，上不得檯面。祝雞老翁養了千百頭雞，一輩子的時光就跟群雞在丘林之內，虛耗殆盡。殺狗出身的樊噲，因為軍功顯赫，漢高祖劉邦封他為舞陽侯。漢武帝時的丞相公孫弘，當年曾在東海放過豬。人生很短，不必計較得失，盡力而為，謀事在人，成事在天啊！

〈戲說「十二生肖」〉詩 黃啓方

（本書推薦人、世新大學終身榮譽教授）

相鼠有體人無禮，騎牛覓牛自是癡！
虎落平陽空落寞，兔走鳶飛若嘻嬉。
龍困淺灘無人問，靈蛇幾時銜明珠？
天馬行空豈自在，羊觸藩籬恨無途。
衣冠自違沐猴性，雞鳴不時英雄天！
狗盜猶能奇功建，牧豬魚釣不等閒。

〈戲說十二生肖〉

看哪，連老鼠都有肢體，好多人卻空有肢體而沒有禮教，騎在牛背上還在四下找牛，天下果真痴人多。威武的老虎淪落到平原上，無用武之地，空懷落寞情懷。老鷹在天空中飛翔，動作狡捷的兔子毫不懼怕，在草叢中嘻笑奔跑。蛟龍遇難，困在淺灘，無人聞問，滿心憤懣。靈蛇銜明珠報答的傳說，什麼時候會再出現呢？天馬行空看似自在騰達，個中滋味，也是冷暖自知。羊兒莽撞，羊角誤觸藩籬，難以掙脫，心中的悔恨難以言喻。身為獼猴，即使穿上人類顯赫衣冠，也會因為違背天性而格格不入。天雞不按照時間高聲啼叫，卻是英雄成就事功的天機。學會狗吠的人，儘管身分卑賤，只要認清時勢、搶得機運，也能建立驚人奇功。懷有高尚心性，即使像公孫弘曾經養過豬，或是姜太公在溪邊釣魚，他們都不是等閒之輩呀！

【生肖詩詞躲貓貓】

這幾首詩有十二生肖出沒，不過，有些真的是生肖，有些並不是生肖（如牽牛星）。找一找、數一數，躲在這些古詩裡的生肖動物有幾個？

〈夜半〉詩 〔唐〕李商隱

三更三點萬家眠，露欲為霜月墮煙。
鬥鼠上堂蝙蝠出，玉琴時動倚窗弦。

〈夜半〉

夜半，三更時分，千家萬戶都入睡了，只有我還醒著。天氣漸冷，露水將要凝結成霜，月光也漸漸隱沒在雲霧後面。饑餓的老鼠在屋子裡喧鬧，蝙蝠在黑暗裡捕食，倚靠在窗邊的琴發出聲音，彷彿被人撥動琴弦一般，引人遐思。

〈秋夕〉詩 〔唐〕杜牧

銀燭秋光冷畫屏，輕羅小扇撲流螢。
天階夜色涼如水，臥看牽牛織女星。

〈永王東巡歌〉詩 〔唐〕李白

龍盤虎踞帝王州，帝子金陵訪故丘。
春風試暖昭陽殿，明月還過鳷(ㄓ)鵲樓。

〈秋夕〉

秋天的夜晚，精美的銀色蠟燭發出微弱的光，給畫屏增添幾分清冷的顏色。一位宮女手執綾羅小扇，輕輕的撲打飛舞的螢火蟲。宮殿臺階上的夜色，清涼如水。坐在臥榻上仰望星空，只見牽牛星正遠遠眺望着織女星。

〈永王東巡歌〉

鍾山像龍似的盤繞，石城像虎一般蹲踞，金陵果然是帝王之州，如今皇帝的兒子永王，來探訪金陵的六朝古跡。春風吹暖了舊苑中的昭陽宮殿，明月也高高的照耀著鳷鵲樓。

〈畫鷹〉詩 〔唐〕杜甫

素練風霜起，蒼鷹畫作殊。
㩳（ㄙㄨㄥˇ）身思狡兔，側目似愁胡。
絛（ㄊㄠ）鏇（ㄒㄩㄢˋ）光堪摘，軒楹勢可呼。
何當擊凡鳥，毛血灑平蕪。

*㩳（ㄙㄨㄥˇ）：挺立、聳立。

〈畫鷹〉

潔白的畫絹上騰起風霜肅殺之氣，原來是蒼鷹矯健不凡，彷彿挾風帶霜飛起。蒼鷹聳起身子，好像是想要攫取狡猾的兔子，雙眼側目而視，和眼睛深邃、神情憂愁的胡人一般。蒼鷹神采飛揚，精準摘除繫著繩索的銅環，高踞在杆楹上，氣勢靈動、呼之欲出。何時才能讓這樣卓然不凡的蒼鷹展翅搏擊，將那些平凡鳥類的毛血，灑落在原野上。

〈觀祈雨〉詩 〔唐〕李約

桑條無葉土生煙，簫管迎龍水廟前。
朱門幾處看歌舞，猶恐春陰咽管弦。

〈觀祈雨〉

久旱無雨，桑樹枝都長不出葉子來，地面異常乾燥、塵土飛揚，土地好像要生煙燃燒。龍王廟前，平民百姓敲鑼打鼓，祈求龍王普降甘霖。富貴人家卻感受不到乾旱帶來的生計之苦，四處遊覽，觀賞歌舞，心中憂慮著春天的陰雨使管絃樂器受潮，發不出清脆悅耳的聲音。

〈守歲〉詩 〔宋〕蘇軾

欲知垂盡歲，有似赴壑蛇。
修鱗半已沒，去意誰能遮。
況欲繫其尾，雖勤知奈何。
兒童強不睡，相守夜歡嘩。
晨雞且勿唱，更鼓畏添撾（ㄓㄨㄚ）。
坐久燈燼落，起看北斗斜。
明年豈無年，心事恐蹉跎。
努力盡今夕，少年猶可誇。

*撾（ㄓㄨㄚ）：鞭打、敲擊；捉住。

〈守歲〉

歲末年終，我明白這即將辭去的舊年，就好像游向幽壑的長蛇。長長的鱗甲已經消失一大半，離去的心意有誰能夠攔阻！想繫住它的尾端緊握不放，即使這樣努力也是無力阻止。兒童不肯睡覺，努力掙扎，跟同伴相約守歲，在深夜笑語喧譁。晨雞啊晨雞，請你不要啼唱，一聲聲更鼓催促也叫人懼怕。深夜裡安靜久坐，看著燈花點點墜落，起身觀看北斗星，已經低低的橫斜天邊。我心擔憂，明年再不會有年節的歡樂，害怕心底的願望又會再度失落。好好珍重愛惜這個夜晚吧！幸好我還是青春年少，尚有可以自誇的衝天豪氣。

〈出塞〉詩 〔唐〕王昌齡

秦時明月漢時關，萬里長征人未還。
但使龍城飛將在，不教胡馬度陰山。

〈渭川田家〉詩 〔唐〕王維

斜陽照墟落，窮巷牛羊歸。
野老念牧童，倚杖候荊扉。
雉雊麥苗秀，蠶眠桑葉稀。
田夫荷鋤至，相見語依依。
即此羨閑逸，悵然吟式微。

*雊：雄雉鳴叫。

〈出塞〉

秦漢時的明月，秦漢時的邊關，到今天依然如故，但是戰爭卻一直不曾間斷，已有無數將士血灑疆場，又有多少戰士仍然戍守邊關，不能歸來。只要鎮守龍城的飛將軍李廣還在，就不會讓匈奴的騎兵跨過陰山，侵犯我中原。

〈渭川田家〉

村莊處處披滿夕陽餘輝，牛羊沿著深巷紛紛歸來。老叟惦念著放牧牛羊的孫兒，柱著拐杖在自家的柴扉等候。雉雞鳴叫麥兒即將抽穗，蠶兒成眠桑葉已經薄稀。農夫們荷鋤回到村裡，相見歡聲笑語戀戀依依。田家風光如此安逸舒適，怎不叫我羨慕？我不禁悵然的吟起《詩經》的〈式微〉篇。

〈游石澗寺〉詩 〔唐〕朱放

聞道幽深石澗寺，不逢流水亦難知。
莫道山僧無伴侶，獼猴長在古松枝。

〈勸學〉詩 〔唐〕顏真卿

三更燈火五更雞，正是男兒讀書時。
黑髮不知勤學早，白首方悔讀書遲。

〈游石澗寺〉

聽說石澗寺藏在山中幽靜深遠的地方，我上山找尋，要不是碰巧聽見淙淙溪澗，就會錯過了。在這人跡罕至的深山中，石澗寺的僧侶與誰相伴，度過漫漫長日呢？應該就是在古老松枝上，攀爬取樂的獼猴吧！

〈勸學〉

每天三更半夜，公雞啼叫的時候，就是莘莘學子起床讀書的最好時間。少年時代要知道發憤苦讀，勤奮學習。如果只知道玩，不知道要好好學習，錯過大好時光，年老的時候才後悔年少時不曾勤奮學習，卻已經來不及了。

〈逢雪宿芙蓉山主人〉詩〔唐〕劉長卿

日暮蒼山遠，天寒白屋貧。
柴門聞犬吠，風雪夜歸人。

〈田家〉詩〔唐〕王績（節選）

小池聊養鶴，閒田且牧豬。
草生元亮徑，花暗子雲居。
倚牀看婦織，登壟課兒鋤。
回頭尋仙事，並是一空虛。

〈逢雪宿芙蓉山主人〉

暮色降臨、山色蒼茫，山路崎嶇遙遠。天氣寒冷、茅屋單薄，住在這裡的人家生活貧苦。柴門外，傳來狗兒歡快的叫聲，外出的家人，在大風雪的夜裡回來了，大家都很開心的歡迎他。

〈田家〉

我的生活優閒自適，在池塘豢養白鶴，閒暇時候，在田野放牧肥豬。門前綠草叢生，堪比陶淵明的小徑，窗前香花盛開，濃密成蔭，讓我想起楊雄的鄉村居處。讀書累了，靠在臥榻，看著家裡的婦女在織布機前辛勤織布，偶爾也會走上田壟，督促家中子弟努力耕種。回首少年輕狂，耗費大好時光尋訪仙人的往事，那都是空虛的幻想啊！

生肖成語、諺語和歇後語

諺語是流傳於民間的常用語，言簡意賅的形容做人處事的道理，反映先民生活的經驗與智慧。和諺語相似，但又不同的有**成語**和**歇後語**。

諺語大多是通俗易懂、口語化的簡短語句，前後以押韻或對仗的方式呈現，字數比較多。成語的字數較少，大多只有四個字，在文言文中廣泛使用，也有其他字數不等的成語，經常出現在白話文或日常對話。

歇後語，就是「歇」去「後」半段的「語」，把真正想表達的意思藏起來，不直接說明，以幽默的方式呈現話語的前半段，讓聽者或讀者就句子含義的關聯性，或是諧音來揣測真正的意思。在修辭學中，歇後語稱為**藏詞**。

寫文章的時候，適時添加成語、諺語和歇後語，可以增添文章的趣味，達到畫龍點睛的效果。

鼠

諺 會捉老鼠的貓不叫

會捉老鼠的貓很機靈，不出聲。比喻有真材實學的人，不會賣弄自己。

諺 養老鼠咬布袋

穀倉裡提供糧食養著老鼠，老鼠卻咬壞裝糧食的布袋。自家人反而毀損自己人的利益。

歇 貓哭耗子——假慈悲。

歇 狗拿耗子——多管閒事。

歇 過街老鼠——人人喊打。比喻為惡之人，必遭眾人唾棄。

歇 滾水潑老鼠——皮爛毛脫。比喻災情慘重，體無完膚。

歇 瞎貓碰到死老鼠——一時僥倖。

歇 老鼠尾巴生瘡兒——有膿也不多。比喻才能有限，沒有多大的能耐。

歇 割拉老鼠嫁女兒——熬夜。割拉是妨害的意思。舊俗以為老鼠在深夜嫁女兒，人們深夜不睡，老鼠就不敢出來。

歇 倉老鼠和老鴰(ㄍㄨㄚ)去借糧——守著的沒有，飛著的有。譏諷人裝窮或弄錯對象，向沒有這種東西，或者不管這事的人求助。注：老鴰，北方方言，指烏鴉。

牛

成 **寧為雞口，不為牛後**

雞的口，小而清潔；牛的肛門，大而不淨。比喻寧願在小場面中作主，不願在大場面聽人支配。

諺 **剪牡丹餵牛**

暴殄天物。牡丹高貴美麗，號稱花王，拿來餵牛吃，真是浪費。

諺 **殺雞焉用牛刀**

殺雞不必用宰牛的刀。比喻處理小事，毋需大才。

諺 **九牛二虎之力**

極大的力量。

諺 **風馬牛不相及**
事物之間毫不相干。

諺 **牛頭不對馬嘴**
答非所問或事情兩不相符。

諺 **虎豹駒有食牛之氣**
虎豹之子雖然幼小，卻有吃掉牛的氣概，比喻少年英才。

諺 **莫與兒孫作馬牛**
父母不必為兒女操心太多，不需要為兒孫太過操勞。

歇 **老牛走老路**——照舊。

歇 **黃牛咬黃連**——吃苦耐勞。黃連是中藥，味道很苦。

虎

成 **不入虎穴，焉得虎子**

不進入老虎巢穴，怎麼捉得到小老虎？比喻不深入險境，就沒辦法成功。

諺 **虎落平陽被犬欺**

英雄失勢時，容易遭到小人欺侮。

諺 **畫虎畫皮難畫骨**

光看外表，無法了解人內心的思想。

諺 **人無害虎心，虎有傷人意**

人無意害人，卻要提防他人害自己。

諺 **明知山有虎，偏向虎山行**

明知有危險，卻還是冒險而行。比喻不畏艱險。

諺 **上山擒虎易，開口告人難**

比喻開口向人求助是很困難的事。

歇 **老虎頭上打蒼蠅**——好大的膽子、惹麻煩、不想活了。比喻膽大妄為。

歇 **老虎掛念佛珠**——假慈悲。人為達目的，偽裝出慈悲、善良的假象。

歇 **老虎嘴上拔毛**——好大的膽子。

兔

成 **動如脫兔**

軍隊行動迅速，像脫逃的兔子一般。比喻動作十分敏捷。

成 **龜毛兔角**

兔子不會長角，烏龜不會長毛。比喻不可能發生的事情。

成 **狡兔死，走狗烹**

狡兔一死，獵犬即無所用，將被烹食。比喻事成後殺害有功之人。

諺

得兔而忘蹄

蹄，捕兔用的網。捉到兔子，便忘記捕兔用的網子。比喻事情成功後，將當初的憑藉、依恃遺忘。

諺

兔子不吃窩邊草

兔子不吃自己窩旁的草，以保護自己不被敵人發現。比喻不在鄉里作惡，或不侵犯周圍人的利益。

諺

兔死狐悲，物傷其類

因同類的人遭到不幸而悲傷。

歇

兔子咬起狼來了——這還了得。

歇

猴子笑兔子沒尾巴——半斤八兩。

龍

諺 **龍游淺水遭蝦戲**

能人處於困境，難以發展，反受庸人的欺凌。

諺 **一龍生九種，種種各別**

俗傳龍生九子，各有所好，表現不同。比喻同一祖宗所傳下來的子孫，也有差別。

諺 **猛虎歸山，蛟龍入海**

放走惡人，一旦得勢，作威作福，天下永無寧日。

諺 龍鬥虎傷，苦了小獐

比喻因為大人物間彼此相爭，連累到小人物受苦。

歇 鯉魚跳龍門——身價百倍。

歇 龍王爺打哈欠——口氣不小。

歇 大水沖倒龍王廟——不認自家人。龍王為掌管興雲布雨及統領水族的神，卻讓大水淹到自家人。

歇 出得龍潭又入虎穴——禍不單行，剛從一個險境脫逃，又陷入另一困境。

蛇

成 **為虺弗摧，為蛇若何**

虺(ㄏㄨㄟˇ)，小蛇。指還是小蛇時不打死牠，長成大蛇後如何制伏？比喻禍根不除，後患無窮。

諺 **打蛇打七寸**

七寸是蛇的要害。比喻做事能掌握關鍵。

諺 **強龍不壓地頭蛇**

比喻即使強大有力者，也無法壓制地方上根深柢固的人。

諺 **一朝被蛇咬，十年怕草繩**

比喻曾遭受挫折，之後遇類似狀況就變得膽小如鼠。

諺 **呼蛇容易遣蛇難**

請人來容易，要人離開卻很難。

諺 **蛇無頭而不行，鳥無翅而不飛**

群眾失去首領，即不能有所行動。

歇 **洞裡的蛇**——不知長短。

歇 **畫蛇添足**——多此一舉。

歇 **蛇和蠍子交朋友**——一個比一個毒。

馬

諺 **馬不知臉長**

人不知自己的缺點。

諺 **好馬不吃回頭草**

有志氣的人，即使遭遇挫折也不走回頭路。

諺 **瘦死的駱駝比馬大**

有錢人家縱使變窮了，還是比本來就窮的人家有錢。

諺 **人有失手，馬有亂蹄**

辦事免不了偶生差錯。

諺 一言既出，駟馬難追
話已說出口，難再收回。

諺 路遙知馬力，日久見人心
人心的善惡，須經時間的考驗才能得知。

諺 射人先射馬，擒賊先擒王
打擊敵人必須先攻擊領頭的，或做事要先把握關鍵。

諺 人善得人欺，馬善得人騎
人過於老實，便會受人欺侮，如同馴良的馬常被人騎一般。

歇 馬店買豬——沒那市（事）。馬店只賣馬不賣豬，沒有賣馬又賣豬的市場。比喻無中生有的事。

歇 瞪著麒麟說是馬——不識貨。

羊

成 **千羊之皮，不如一狐之腋**

一千隻羊的羊皮，也不如狐狸腋下那一小塊小小的毛皮能保暖。凡人雖多，也只是庸才，不如一個賢士可貴。

諺 **引虎入羊群**

自取禍患。

諺 **蚊虻走牛羊**

蚊蟲、虻蟲能驅使牛羊奔跑。比喻小能制大。

諺 **披著羊皮的狼**

偽善者。

諺 掛羊頭賣狗肉
表裡不一，欺騙矇混。

諺 羊群裡跑出駱駝來
特別突出、特殊。

諺 羊肉不曾喫，空惹一身羶
羊肉沒吃到，反而惹了一身羊羶味。比喻不但沒有得到任何好處，反而惹了一身麻煩。

歇 羊撞籬笆——進退兩難。

歇 小偷進牧場——順手牽羊。

歇 綿羊走到狼群裡——膽戰心驚。

歇 牽著羊進照相館——出洋（羊）相。比喻出醜，鬧笑話。

猴

成 **沐猴而冠**

沐猴，獮猴。比喻楚人的性情暴躁。譏諷徒具衣冠而沒有人性的人。

成 **猿猴取月**

凡人把虛假的世界當做真實，心生貪欲，使自己陷入煩惱之境，或比喻蠢人做事徒勞無功。

諺 **弄鬼弔猴**

存心搗蛋，耍花招，搞花樣。

諺 猴子扮戲
違反本心刻意去奉承、討好他人。

諺 山上無老虎，猴子稱大王
沒有能幹的人，普通人物亦能稱王稱霸。

歇 猴子屁股——很紅。

歇 猴子騎老虎——下不來。

歇 孫猴子的臉——說變就變。從孫悟空的七十二變引申而來。

歇 孫猴子守桃園——自食其果。孫悟空看守王母娘娘的蟠桃園，卻把桃子吃光光。

歇 毛猴子撈月亮——白忙一場。

雞

諺 **雞蛋碰石頭**

自不量力。

諺 **三更燈火五更雞**

勤奮刻苦，晚睡早起。

諺 **偷雞不著蝕把米**

想占便宜，結果反倒吃了虧。

諺 **一人得道，雞犬升天**

一個人做官得勢，和他有關係的人也跟著沾光。

諺 不管講雞講鴨，我只講鵝
鵝諧音「訛」。不管別人說什麼，我只一味胡說八道。

歇 旗杆上綁雞毛——好大撣子。撣音諧「膽」。比喻膽大包天。

歇 野雞戴皮帽兒——充鷹。野雞戴上皮帽子假裝是老鷹。譏諷人冒充主人或自以為了不起。

歇 雞蛋裡挑骨頭——百般挑剔。

歇 雞毛撣子沾水——時髦（濕毛）。

歇 黃鼠狼給雞拜年——沒安好心。

歇 公雞給黃鼠狼拜年——凶多吉少。

狗

諺 **狗改不了吃屎**

惡習不改，劣性難移。

諺 **當家三年狗也嫌**

管理家務者，容易惹人厭恨。

諺 **天落饅頭狗造化**

譏諷他人或自我調侃，得到意外的收穫或奇蹟出現。

諺 **咬人的狗兒不露齒**

陰險狠毒的人，不露形跡或不動聲色。

諺 **狗口裡吐不出象牙**

罵人只會說壞話，說不出好聽的話。

諺 **烏狗吃食，白狗當災**

某人犯法，卻由別人頂罪受罰。

歇 **狗咬狗**——一嘴毛。

歇 **狗吃熱屎**——自以為香甜。罵人不知好歹。

歇 **落水狗上岸**——窮抖。落入水中的狗，上岸後會抖動身體，甩去身上的水。

歇 **狗咬呂洞賓**——不識好人心。呂洞賓，傳說中八仙之一，以包子餵狗，卻反被狗咬。比喻不識好壞，不分好歹的意思。

歇 **肉包子打狗**——有去無回。比喻沒有歸還的時候。

豬

諺 扮豬吃老虎

用心機耍詐。故意裝成愚弱者讓對手疏忽，再趁機贏得最後勝利。

諺 人怕出名豬怕肥

人出了名，往往招來各種麻煩；豬長肥了，將很快被屠宰。

諺 沒吃過豬肉，也見過豬跑

見識再少也會懂得一些。

歇 豬拐子——擰著。豬的小腿生來便擰著。比喻雙方有牴觸或事情進行不順利。

歇 廟裡的豬頭——已經有主。比喻有理由、有道理。

歇 豬八戒戴花——自己覺得美。或是愈是醜人，愈會做怪。

歇 豬八戒照鏡子——裡外不是人。或者當面給人難看。

歇 豬八戒上陣——倒打一耙。不承認自己的過失，反而倒咬別人一口。

歇 豬八戒坐飛機——醜上了天。

歇 豬八戒吃人參果——全不知滋味。諷刺人對事物一無所知。

國家圖書館出版品預行編目 (CIP) 資料

說學逗唱，認識十二生肖：虎大歪說文化寓意，狗小圓談生肖美食 / 王家珍著；洪福田繪. -- 初版. -- 新北市：字畝文化出版：遠足文化事業股份有限公司發行, 2022.01
面； 公分. -- (故事如數家珍)
ISBN 978-626-7069-23-3(平裝)
1. 生肖 2. 通俗作品
539.5941 110019684

故事如數家珍

說學逗唱，認識十二生肖

虎大歪說文化寓意，狗小圓談生肖美食

作　　者｜王家珍
繪　　者｜洪福田

字畝文化創意有限公司
社　　長｜馮季眉
編　　輯｜戴鈺娟、陳曉慈、陳心方
特約編輯｜洪　絹
美術設計｜喬拉拉

讀書共和國出版集團
社長｜郭重興　發行人兼出版總監｜曾大福
業務平臺總經理｜李雪麗　業務平臺副總經理｜李復民
實體通路協理｜林詩富　網路暨海外通路協理｜張鑫峰　特販通路協理｜陳綺瑩
印務協理｜江域平　印務主任｜李孟儒

發　　行｜遠足文化事業股份有限公司
地　　址｜231 新北市新店區民權路 108-2 號 9 樓
電　　話｜(02)2218-1417
傳　　真｜(02)8667-1065
電子信箱｜service@bookrep.com.tw
網　　址｜www.bookrep.com.tw

法律顧問｜華洋法律事務所　蘇文生律師
印　　製｜中原造像股份有限公司

2022 年 1 月　初版一刷　定價：400 元
ISBN 978-626-7069-23-3　書號：XBJI 0004

滿
Word Field
字畝文化

福
Word Field
字畝文化